跨文化传播背景下的翻译技巧与实践探究

李 云 王宜梅 乔 磊 ◎ 著

吉林出版集团股份有限公司

图书在版编目（CIP）数据

跨文化传播背景下的翻译技巧与实践探究 / 李云，王宜梅，乔磊著. -- 长春：吉林出版集团股份有限公司，2024.9. -- ISBN 978-7-5731-5935-9

Ⅰ. H059

中国国家版本馆CIP数据核字第20244JU935号

跨文化传播背景下的翻译技巧与实践探究
KUAWENHUA CHUANBO BEIJINGXIA DE FANYI JIQIAO YU SHIJIAN TANJIU

著　　者	李　云　王宜梅　乔　磊
责任编辑	张继玲
封面设计	林　吉
开　　本	787mm×1092mm　1/16
字　　数	190千
印　　张	13
版　　次	2024年9月第1版
印　　次	2024年9月第1次印刷
出版发行	吉林出版集团股份有限公司
电　　话	总编办：010-63109269
	发行部：010-63109269
印　　刷	廊坊市广阳区九洲印刷厂

ISBN 978-7-5731-5935-9　　　　　　　　　　　　定价：78.00元

版权所有　　侵权必究

前　言

在全球化浪潮的推动下，跨文化传播不仅促进了不同国家和地区之间的经济交流与合作，更深刻地影响了文化、思想乃至社会生活的方方面面。翻译，作为这一过程中不可或缺的桥梁，其重要性日益凸显。它不仅是一种语言符号的转换，更是文化意义的传递与再创造，是连接不同文明、促进相互理解和尊重的关键环节。

随着信息技术的飞速发展和全球互联网的普及，世界正以前所未有的速度变得"扁平化"，不同文化间的交流与碰撞变得日益频繁和深入。在这一背景下，翻译不再仅仅是文字层面的简单对应，而是涉及文化背景、价值观念、思维方式等多个维度的复杂过程。它要求译者不仅要精通源语言与目标语言，更要具备深厚的文化底蕴、敏锐的跨文化意识和高超的翻译技巧，以确保信息的准确传达与文化的有效交流。

本书旨在探讨跨文化传播背景下的翻译技巧与实践，通过深入分析跨文化交流的特点，系统阐述翻译在促进文化理解、增进国际友谊、推动社会发展中的重要作用。

通过本书的学习，期望能够帮助广大翻译工作者、外语学习者及文化爱好者更好地理解和把握跨文化传播的精髓，提升翻译能力，促进文化的交流与融合，为构建人类命运共同体贡献自己的力量。在这个充满机遇与挑战的时代，让我们携手共进，以翻译为舟，以文化为帆，驶向更加宽广的世界海洋。

李　云　王宜梅　乔　磊

2024 年 3 月

目 录

第一章 跨文化传播概述 ... 1
第一节 传播与传播学 ... 1
第二节 传播模式和种类 ... 5
第三节 传播学的相关理论 ... 9
第四节 国内外基于传播学的翻译研究 ... 15
第五节 文化与跨文化传播的关系解读 ... 19

第二章 翻译的跨文化传播属性研究 ... 25
第一节 翻译的本质与标准 ... 25
第二节 翻译的跨文化传播属性与功能分析 ... 39
第三节 英汉文化差异对翻译的影响 ... 42
第四节 跨文化传播视角下翻译的原则 ... 47

第三章 跨文化传播下的英语翻译方法和技巧 ... 50
第一节 英语翻译的主要方法 ... 50
第二节 英语翻译的常用技巧 ... 79

第四章 英汉翻译的语言文化传播 ... 96
第一节 英语汉译的理论与技巧 ... 96
第二节 英汉翻译的传播学特征 ... 99
第三节 汉语英译的理论与技巧 ... 105
第四节 汉语英译的传播学特征 ... 110
第五节 英汉翻译与跨文化交流 ... 113

第五章　跨文化传播背景下英汉词汇翻译实践 …… 120
第一节　名词的翻译 …… 120
第二节　副词的翻译 …… 136
第三节　形容词的翻译 …… 142
第四节　动词的翻译 …… 147

第六章　跨文化传播背景下英汉句式翻译实践 …… 158
第一节　句子层面上的翻译 …… 158
第二节　从句的翻译 …… 177

参考文献 …… 200

第一章 跨文化传播概述

第一节 传播与传播学

一、传播的定义

任何信息的传递和交换都可以看作是传播现象。没有传播，人类文明将不复存在，人类社会将无法建立和发展，人与人之间的关系将难以想象，传播过程涉及传播者、中介和接收者。传播者和接收者之间形成了传递关系，此关系是动态发展的。信息是传播的内容，传播的终极目标是传递信息并引发预期的行为。传播是一种社会活动，是人与人之间、人与社会之间，通过语言、文字方式进行的思想、信息交流。传播是一切社会交往的实质，因此，在整个人类历史中，人类不断提升自身对信息的接收、处理和吸收能力，不断提高信息传播的速度、清晰度和便利性，也不断更新在信息传播的技术和方法论方面的思考。这些努力使得传播成为社会发展的生产性要素。

传播一词的英文"communication"源自拉丁文的"communicare"，意思是"与他人建立共同的观点"，又含有"说服""同化"的意思。英语的"communication"还包括"传达"、"传布"及"交流、交通、交际"等含义。无论是"交际"还是"传播"，实际上都指的是同一概念。因学者们有着不同的学术背景，故叫法也不一样，有语言学背景的学者大多使用"交际"一词，从事传播学研究和教学的学者多采用"传播"一词。

目前，有关传播的定义较多，初步统计有 100 多个，西方学术界对于传播的界定有不同的观点，以下是几种代表性的观点：

从最一般的意义上来说，传播是一个系统信源（信息来源）通过可供选择的符号去影响另一个系统——信宿（信息到达目的地）的过程，这些符号能够通过连接这两个系统的信息渠道得到传递。（奥斯古德等人）

传播可以定义为通过讯息进行的社会互动。（乔治·格伯纳）

正是由于学者们具有不同的学术背景，有的是政治学家，有的是心理学家，有的是社会学家，他们从不同的视角对传播进行了界定，有的强调传递的过程，有的强调效果，有的强调意义的赋予，有的强调人际关系。但无论哪种定义，都包含一些相同的基本要素，即传播必须要有传播者、传播内容、传播媒介、传播受众，还要产生传播效果。

传播的含义可以概括为几个关键词，即"共享、交流、劝服、互动"。传播学奠基人、集大成者施拉姆指出，我们在传播的时候，是努力想同谁确立"共同"的东西，即我们努力想"共享信息、思想或态度"，对于传播者而言，信息的共享不仅是主观愿望，在很多情况下，也是客观结果。"信息共享"既是传播的出发点，也是传播的归宿。传播不是单向的活动，传播者的角色是双重的，即作为传播者的同时也是信息的接收者，当传播者发出信息后，受众接收信息，受众接收到信息后进行解读，并通过语言或非语言等形式进行反馈，这时信息接收者变成了传播者。同样受众也具备这种双重身份。在这一信息传递过程中，"信息共享"的前提是交流。共享和交流相辅相成，不可分割。美国学者霍本认为，"传播即用言语交流思想"。在建立信息共享的过程中，就存在传播者和受众的双向交流，没有交流就难以实现真正的信息共享。此外，有学者提出，"信息的交流和共享"很多时候以"劝服"为目的。不少传播学研究者都认为，传播这一概念包含某个人传递信息影响另外一些人的行为过程，即传播行为旨在使受众引起特定的反应。所以除了传递信息，传播还有一个很重要的目的就是劝服受众接受传播者的观点、思想或态度,并引发受众产生实际行动。比如广告这种传播活动,其最重要的目的并不只是单纯地传递信息,而是通过传递信息达到最重要的效果——说服、感染受众并引发他们的购买行为。像广告、旅游宣传等传播活动,充分体现了传播活动的劝服特点。所以,在进行广告传播时,需要从受众的角度来考虑,以受众为中心,充分了解他们的需求,有效的广告传播是建立在准确了解广告受众需求基础之上的。在此过程中,传播者和受众就会有一定的互动,互动其实是和共享、交流、劝服交织在一起的,并不是孤立的要素。受众不是被动地接收传播者发送的信息,而是根据自己的知识、认知、生活经验等对传播的信息进行认识和理解,在此过程中,受众完全有可能不认同传播者发送的信息。如果传播者想要实现良好的传播效果,就必须重视受众的反馈,并对发送的信息做出必要的调整,这就形成了传播者和受众互动的过程。

"共享、交流、劝服、互动"构成传播过程的几个特点,它们彼此联系,无法分割,任何一个要素都缺一不可,否则可能会导致传播活动的失败。

二、传播学的诞生、形成和发展

人类社会的建立和发展离不开传播,传播在各学科的发展中起到了重要作用。人与人之间的交流,其本质也是一种传播行为,我们在日常生活、工作与学习中时时刻刻都在传播信息和接收信息。虽然传播现象无处不在,但是传播学这门学科的产生历史并不是很久远。一般认为,传播学诞生于20世纪第二次世界大战前后经济、政治、外交、文化走向世界的美国。传播行业在第二次世界大战中发挥了积极的作用,促使西方学者开始对传播这一社会学范畴的内容产生浓厚的兴趣于是,对于传播行为及其相关因素的研究越来越引起人们的重视,一门新的学问应运而生,那就是传播学。

第二次世界大战前夕,美国社会矛盾尖锐,经济危机频发,工商业竞争异常激烈。为了抢占市场和提高利润，很多企业纷纷利用大众传播媒介推销自己的产品。广告公司也纷纷成立，帮助企业树立形象，也为自己赚取高额利润。大众传播媒介的商业色彩越发浓厚，很多企业变得越来越依赖广告公司和大众传播媒介，而广告公司和大众传播媒介也分别靠企业支付的广告费和媒介使用费生存和发展。二者相互依赖、相互促进。除了工商界，美国的政界也很重视大众传播媒介的作用。20世纪30年代后，美国的大众传媒，如报纸、广播、电视成了党派斗争的阵地，谁掌握了传播媒体，谁就可能在政治角逐中获胜。无论是工商界还是政界，经不同的人、不同的方式和不同的媒介，其传播效果都是不同的。如何使用最少的资源取得最大的传播效果，是摆在工商界和政界面前的重要问题，于是，学术界、政府机构、大型企业、专业组织等纷纷从自身的利益出发，研究传播的相关问题。第二次世界大战更是刺激了西方传播学的研究，在独特的时代背景下，传播学研究逐渐发展壮大，其作为独立的学科逐渐成型。

20世纪四五十年代，威尔伯·施拉姆总结了多位学者对传播学的研究成果，并进行了归纳、整理和发展，进一步丰富了传播学理论，对传播学学科的创立和发展作出了杰出的贡献。因此，施拉姆被认为是现代传播学的开山鼻祖、奠基人和集大成者。其贡献主要体现在三个方面：一是建立了最早一批传播学研究与教学的基地，从而使传播学得以发展成一门独立的学科。施拉姆之后，传播学在美国得到了迅速发展。很多院校开设了传播学课程，有的院校把原来的新闻学院改成传播学院，传播学研究得到了迅速发展。二是培养了一大批传播学研究的后起之秀，使传播学研究得以相传。三是出版了系列流传甚广的传播学著作。根据施拉姆的观点，传播过程应包括以下八个要素：信源（source，信息的来源，是传播过程的开始）、信息（message，传播的内容，是即将用于交换的信息组合）、编码者（encoder，负责将讯息译制为可用于传输或表达的形式，如各种符号和信号等）、渠道（channel，传播讯息所依赖的介质、通道或讯息传输系统）、解码者（decoder，与编码者作用相反，负责将编码者编译过的讯号和信号还原为接收者能够理解的讯息存在形式）、接收者（receiver，讯息的接收者，是传播的目的地与终端）、反馈（feedback，介于信源与接收者之间的一种结构，是由接收者在接收讯息后对信源的一种后续的反向传播。信源可以利用反馈来对后续传播做出相应的调整）、噪声（noise，是信息传播过程中可能发生的附加、减损、失真或错误）。

传播学的形成是诸多因素综合作用的结果。首先是上述外在的社会历史的发展。其次是内在的学科的影响。从学科来讲，主要有三个来源：一是以科学主义和实证精神为基础的行为科学。二是吸收了信息论、系统论和控制论的理论养料。三是以新闻传播及其规律为研究对象的新闻学。传播学在其发展过程中形成了多个学派。较具代表性的两大学派是以美国为代表的经验学派，又称传统学派和以欧洲为典型的批评学派。经验学派关心的是传播效果，所采用的研究方法是定量的实证研究，主要运用实证研究方法对有关传播现象或传播行为进行考察，总结和发现其中的规律；而批评学派的主要落脚点在传播意义上，既有思辨的方法，也运用实证的方法，但比较偏爱思辨的方法。

萌芽于20世纪20年代的传播学，成型于四五十年代，并于七八十年代在北美、西欧、日本等发达地区和国家得到迅速发展，成为今天一门理论学派林立、学说纷呈、论著丰富的学科。

第二节　传播模式和种类

我们生活在传播的世界里，每时每刻都在进行着传播活动。传播是人的基本活动之一，是人类意识的延伸。按不同的标准，传播分为不同的类型。根据传播的规模，我国学术界比较流行"四分法"，即将人类的传播活动分为自身传播、人际传播、组织传播和大众传播。按照西方传播学的观点则分为人际传播、小团体传播、群体传播和大众传播。

一、传播的基本模式

传播过程涉及诸多因素，如传播主体、传播内容、传播媒介、传播受众、传播效果。此外，由于传播是一种社会交往活动，传播过程还涉及传播环境、社会文化和其他要素对传播的影响及与传播的互动，是非常复杂的社会现象。为了科学研究传播过程，建立传播过程的模式是非常重要的。

对于传播的模式，学界存在不同的看法。总的来说，早期的看法比较简单，对于干扰因素、反馈及社会环境等因素考虑得比较少，到了后期，由于研究越来越深入，学者们对于传播模式的观念也不断修正，更能准确反映传播的真实情况。

概而言之，传播模式主要有三大类型，即线性模式、循环模式和社会系统模式。线性模式中具有代表性的是拉斯韦尔提出的 5W 模式及香农和韦弗的数学模式。政治学家拉斯韦尔提出了著名的"5W"传播模式，即谁（Who），说什么（Say What），通过什么渠道（In Which Channel），对谁说（To Whom），取得什么效果（With What Effect），据此人们可以进行传播者研究、内容研究、媒介分析、受众研究及效果研究等，这构成了大众传播学的五个主要研究领域，即"控制分析""内容分析""媒介分析""受众分析""效果分析"。

这一模式在早期的传播学研究中影响巨大，其特点在于它简明扼要，把传播的过程清清楚楚地表现出来，对于传播学需要研究的几个主要环节都明确地指出。然而，后来的学者提出 5W 模式虽然一目了然，但是过于简单，对于传播过程中的一些因素，如传播环境、文化因素及受众反馈等没有考虑在内。

信息论创始人香农和韦弗共同提出了另一个线性模式，他们的模式把媒介作了分解，即分为发射器和接收器，同时增加了另一个要素——噪声。整个过程由信源、发射器、信道、接收器、信宿和噪声构成。

无论是拉斯韦尔,还是香农、韦弗,他们提出的传播过程模式都是线性模式。这一模式的缺陷主要在于将信息的流动看作是直线的、单向的,忽略了反馈这个重要因素;将传播过程看作孤立的过程,忽略了传播过程和社会过程的联系。

20世纪50年代,奥斯古德和施拉姆提出传播过程的循环模式,把反馈这一重要因素加入了传播过程中。

循环模式首先与单向线性模式划清界限。其次,它强调在信源与信宿(传播者与受传者)之间,只有在其共同的经验范围内才能有真正的传播,只有在此范围内的信号才能被传受双方共享。最后,该模式认为在传播过程中传播者和受传者的角色可以互换,即传受双方均为既能发射信息又能接收信息的传播单位,彼此互为传播过程的主客体。此模式改变了线性模式的单向直线性,突出了传播过程的双向循环性,强调传受双方可以互换,角色并不是固定的;而且引入了反馈机制,这样更符合传播过程的实际情况,尤其适用于人际传播。但这种模式未能区分出传受双方的地位和差别,不太符合大众传播的实际情况,不能够较为准确地描述大众传播的过程。

社会系统模式中比较有代表性的是德弗勒提出的互动过程模式和马莱茨克提出的大众传播场模式。互动过程模式也称大众传播双循环模式,这个模式指出,在闭路循环传播系统中,受传者既是信息的接收者,也是信息的发送者,噪声存在于传播过程的各个环节。这个模式揭示了大众媒介对传播过程的介入,引入了反馈机制,能够比较有效地揭示传播过程的真实面貌,特别是大众传播过程。

德国学者马莱茨克的大众传播场模式表明传播者和受传者在传播过程中会受到诸多因素的影响,如个人层面、组织层面及社会层面。马莱茨克的大众传播场模式表明了传播是一种非常复杂的社会行为,是一个有很多变量的社会互动过程。此模式更接近传播过程的真实面貌。

从传播过程的线性模式到循环模式再到社会系统模式,学者们的研究越来越接近传播过程的真实面貌。只是这些传播过程模式都是描述在同一种语言文化社会里发生的传播现象，而跨语言、跨文化、跨心理的翻译传播活动过程更为复杂，其传播过程与上述模式也有较大的差异。

二、传播学视域下的应用翻译过程

虽然翻译是跨语言、跨文化、跨心理的复杂传播活动，但是传播过程模式仍然对翻译过程有重要启示，翻译同属于传播的范畴，只是涉及两种不同的语言和文化，传播过程更为复杂。在翻译活动中存在着两次传播过程，传播主体分别是原文作者和译者，原文作者是第一传播者，译者是第二传播者，原文作者首先对自己接触的信息进行理解并形成意义，然后对头脑中的意义用源语进行编码形成符号，接着作为读者的译者对原文的意义符号进行解码并形成自己的理解，然后译者又以二次传播者的身份对自己形成的对原文信息的理解进行二度编码形成目的语意义符号传递给译文读者，最后译文读者再进行解码并形成自己的理解。可见翻译是一种较为复杂的传播活动，首先是原文作者和译者在同一语言文化环境下完成一次符号化过程，然后是译者和目的语读者在另一个语言文化环境中完成二次符号化过程，翻译进行的这两次符号化过程可被称为"二度符号化"。

传播者与译者之间的传播过程属于语内传播过程，而译者和译文读者间的传播过程属于语际传播过程。整个翻译过程存在几种反馈：作为译者会将信息反馈给原文作者，译文读者会将信息反馈给译者，译者会将译文读者的反馈信息传递给原文作者，译文读者可以越过译者将反馈信息直接传递给原文作者。在整个传播过程的各个环节中存在各种各样的干扰因素，即噪声，如原文作者、译者和目的语接收者自身的知识水平、所处的时代背景、兴趣与爱好、各自的思维方式、文化和心理等方面的差异等都可以对传播过程的各要素和最终传播效果造成一定的影响。翻译是一种极其复杂的特殊传播活动，其过程涉及众多因素，各因素之间的联系和制约作用非常明显。前面描述了传播过程的一些代表性模式，鉴于翻译活动的复杂性，根据前面提到的几种传播模式并结合翻译的特点，本研究在传播学视域下尝试性地提出了翻译过程的模式。

翻译过程模式结合了传播的线性模式、循环模式和社会系统模式的基本要素，体现了传播过程的双向互动性，也强调了反馈机制，并突出了两次传播过程中噪声对应用翻译的影响。此模式能够比较真实地反映翻译过程的面貌。建立科学的翻译传播过程模式能够使人们更清晰地了解翻译过程的特点和各个要素之间的关系，能够帮助人们比较科学地研究翻译过程中的某些问题并对某些要素进行考量，对应用翻译实践具有非常重要的启示。

第三节　传播学的相关理论

除了上文提到的传播模式对翻译过程有影响，大众传播的相关理论也极大地影响着翻译这种特殊的传播活动过程和传播效果。笔者在较为全面地研究传播学理论的基础上梳理出能有效指导译介活动的传播学理论，并在本节加以介绍论述。

一、5W 传播模式

传播学四大先驱之一、美国政治学家哈罗德·拉斯韦尔在《社会传播的结构与功能》一书中提出了著名的传播学 5W 模式，成为传播学的奠基理论，此模式界定了传播学的五大基本研究内容，即传播主体研究、传播内容研究、传播媒介研究、传播受众研究和传播效果研究。

后来的学者又在 5W 模式的基础上增加了两个要素，即传播目的和传播环境，以上七个要素构成了传播过程的整体，也是翻译过程的整体，翻译活动实际上也以这七个要素为研究对象。此传播模式认为传播活动要想达到预期目标，须以传播效果为核心,传播主体要充分发挥主体性,选择恰当的传播媒介,认真研究传播受众,并对传播内容做出适应性调整。拉斯韦尔的5W模式为传播学勾勒了研究框架,为后来的传播研究指明了方向,提供了典范,之后各种各样的传播研究,实际上都是沿着他所开启的思路继续推进,按照他所划出的疆域进行开拓。

二、"守门人"理论

"守门人"理论或"把关人"理论最初是由美国社会心理学家库尔特·勒温提出的。所谓把关,就是对信息进行筛选和过滤的行为,把关人在传播过程中起着过滤、筛选的作用,他们决定报道什么、不报道什么、把报道重点放在何处、如何解释信息等。具体而言,传播者的把关过程包括收集信息、过滤信息、加工信息和传播信息四个阶段。(1)收集信息:到社会乃至自然界中去寻求适合传播、有传播价值的信息。(2)过滤信息:根据传播目的、信息和受众的情况等,对已收集到的信息进行筛选和过滤。(3)加工信息:将确定要传播的信息进行符号化处理,即编码,使其成为讯息。(4)传播信息:将制作好的传播品如节目、报纸、影片等通过媒介的网络和渠道发布出去,抵达受众。[①]守门人的行为看似是个人行为,实则受到许多因素的影响,如政治法律因素、社会文化因素、信息自身因素、受众因素、技术因素、传播者个人因素等,这些因素交织起来共同构成把关行为的规范系统。

在勒温之后,美国传播学者大卫·怀特将把关理论发展为传播学的经典理论之一。怀特以美国中西部某报电讯编辑作为研究对象,要求他把报社接收到的通讯社的稿件保存一周,然后加以收集分类,以比较通讯社稿件的分类比例,并检查报社采纳各类稿件的比例。最后他发现:只有十分之一的电讯稿件被报社采纳,电讯稿件内容比例失衡,国际性政治新闻、全国性政治新闻和人情

[①] 胡正荣,张磊:《时代之印:中国媒介三十年1978—2008》,陕西人民出版社2008年版。

味新闻等稿件所占比例高达三分之二。根据他的研究，编辑部不选用稿件的理由主要有两类：一是不值得刊登，而且给出的理由非常主观，没有统一的客观标准。二是已经选登了同一事件的另一则稿件。编辑等相关人员很多是根据自己的个人经历、认识、对相关政策的理解等对稿件进行选择和内容修改，不符合自己价值观和口味的稿件就不予录用刊登。勒温的"守门人"研究带给我们的启示是：在信息传播过程中存在各种各样的"守门人"，这些"守门人"对信息的传播有非常重要的影响。

翻译是一种特殊的传播活动，在翻译过程中涉及众多的传播主体，任何一个传播主体都可以成为"守门人"。在翻译过程中，传播主体有原作者和译者，可把他们称为第一把关人和第二把关人。第一把关人的作用主要发生在翻译的第一阶段，其主要职责就是对信息进行收集、选择并加工成文本传递给作为读者的译者，具体来说，他决定着哪些内容、哪些信息需要传播，哪些信息值得传播，他应该以怎样的语言使这些需要传播的信息清楚地表达出来以便于译者的透彻理解，等等；至于哪些信息得到了传播，又以怎样的方式得以传播，那主要就看第二把关人了，他的主要职责是对信息进行摄取、过滤、加工和传播，具体体现为理解原文信息，表达原文信息，阻止或删减某些信息，添加某些信息，修改信息表达方式，等等。因而，翻译过程中原作者和译者的把关作用发挥如何，直接关系到翻译效果的好坏。原作者、译者与译文最后的传播效果相互关联，如果原作者在原文写作的过程中能够心装译者，并考虑到潜在的最终效果，那将更有利于取得良好的传播效果。而译者作为第二把关人，他的把关作用更具有决定性意义。译者应该是一名双文化人、一位科学家、一名技术工人、一位艺术家、一名好的判断者、一名杂家、一名持镜者。

译者作为第二把关人，他的关键作用主要表现为三个方面：一是对信息的选择。译者作为第一读者，应该对原作者和原作有着尽可能透彻的了解，要充分认识原作，还要通过原作认识原作者，了解原作者所处的时代、文化、社会和阶级的背景，从而缩短自己与原作者之间的距离。译者还可以与原作者进行沟通以获取更准确、更充分的信息，在充分掌握原作信息的基础上，决定哪些信息应该翻译。翻译是一个译者在原作作者与译文读者之间的斡旋过程，是一个译者进行选择和决策的过程。二是对信息的加工。原作文本提供给译者的信息，更多是考虑了源语读者的兴趣、期望、知识水平、环境等。译者首先是原作的研读者和接收者，然后根据原作提供的信息，结合目的语读者的需求、期望、认知水平、文化背景等做出调整。译者要努力做到既可充分再现原作语篇的文化信息，又能照顾到译文的可读性，照顾到译文读者的接受能力和感受。有的信息对源语读者来说很有意义，对于目的语读者却不然。译者是目的语语篇信息的调节者，他要根据目的语读者的阅读经验和期待视野对源语语篇中的信息进行适当的调节。通过译者的协调，从而实现信息从原作者到译文读者的有效传递。三是对信息的导向。是归化还是异化，是让目的语读者处在异域文化中还是用目的语文化取代源语文化，都由译者决定，译者的文化立场决定了他的翻译策略取向，译者应根据译文不同语篇的预期功能，抓住原作意图，灵活选择相应得当的翻译策略，决定特定语境中的哪些原文语篇信息可以保留，哪些必须根据译语语境进行调整，再根据译文读者的需要或直译或意译，或删减或改写。

　　"守门人"理论能够让我们看清各种各样的"守门人"各自的特点、作用及他们对应用翻译传播效果的影响。"守门人"研究是传播主体研究的一项重要内容，具有重要意义。在全球化背景下，翻译的实质是文化的传播和交流，作为译者，促进多元文化的共存是他们的责任。在翻译过程中，译者的文化身份、文化意识、文化立场和态度会对译者的策略选择产生直接的影响。在当前"走出去"的战略背景下，译者有责任让历史悠久的中文文化传播到海外，让更多西方国家的读者能够充分认识、理解这些丰富多彩、独具特色的中华文化。总而言之，译者要守好语言关，更要守好文化关，翻译中的"守门人"研究必不可少。

三、传播受众理论

简单来说，受众是指信息传播的接收者，比如报刊和书籍的读者、广播的听众、电影和电视的观众。自大众传播学成为一门学科以来，谁是受众便成为新闻传播活动的中心，一直是众多学者研究和讨论的焦点之一。早期的传播学者从宣传的角度出发，把受众看作被动的信息接收者，认为受众在接收信息时没有任何反抗力或者说反抗力很小，对于传播主体传递的信息，受众会毫无保留地全盘接受或者说几乎会全部接受。很明显，在这种观点下，传播者居于中心地位，受众的地位被忽略。随着传播学研究的发展，传播学者发现受众并不是单纯的、被动的接收者，受众在传播过程中的作用开始受到重视。真正实现从传播者中心论到受众中心论的转变是在20世纪60年代。现代传播学认为，在传播活动中应将受众利益放在首位，以受众的根本需要作为传播活动的出发点和归宿。无论信息内容的选择还是信息产品的制作，都应体现"为受众服务"的宗旨。由此可见，受众在传播活动中具有重要地位。

信息的传播活动只有在受众接收了传播者的信息后才算完成。从大众传播活动的流程来看，受众不仅是整个活动的终点，也是传播效果的最终实现者。受众中心论的研究者认为，受众是传播的主动者，媒介是被动者。受众并不是消极地接收信息，而是积极地寻求所需要的信息，且受众的行为在很大程度上是由个人的需求和兴趣决定的。

在翻译活动中，传播者包括原作作者和译者，受众包括译者和译文读者，译者既是传播者又是受传者。传播学理论表明在接收信息的过程中，受众会根据自身和所处环境需要对信息的内容进行选择性注意、选择性理解和选择性记忆。传播者可以通过改变传播形式、强化和更新传播内容来提高受众的注意力，在传播过程中努力使信息的编码清晰准确，尽量消除或减少造成受众理解偏差的可能。同时要尊重受众的接受心理，防止逆反心理的产生，从而提高传播效果。

每个读者对信息的解读都和自己已经储备的知识和理解相关，它不是一种被动地接收。在收到信息后，他会调动自己已有的知识储备对信息进行解读，所以，对读者的了解程度直接关系到译者的策略和方法的选择。受众的主动和能动作用更应该引起译者的关注，在翻译过程中加强对他们的了解和尊重。受众的行为，在很大程度上可以由个人的需求和兴趣来加以解释。也就是说，受众具有什么样的心理需求，就会产生什么样的接收行为。吕杰等在其著作中列出了现代社会受众所表现出来的八种主要心理需要：从众心理、模仿与流行心理、佐证心理、得益心理、求新心理、求近心理、选择心理和逆反心理等。[1] 结合翻译活动的特征和本质要求，我们认为译者在翻译中应该特别注意读者的得益心理、求新心理和求近心理。得益心理，是指读者希望从译文中得到直接或间接好处的心理，主要表现为对自己所需信息的满足，包括知识的获取、心灵的愉悦等；求新心理，主要表现在读者对信息传递的时效性、信息内容的新鲜性和信息传递方式的新异性的需求；求近心理，是指读者希望所获的信息与自己关系程度密切，并且在心理距离上与自己贴近。

比如说，旅游翻译信息的传播受众在获取旅游翻译信息时需要付出一定的金钱或代价，例如购买旅游指南、杂志等需要付费，上网浏览旅游翻译信息需要在众多的信息中进行搜寻和选择，通过电视、广播观看收听旅游翻译信息需要支付费用。因此，旅游翻译信息的传播应该考虑到受众的需要和兴趣，否则就是浪费受众的金钱和时间，将得不到他们的认同，也将难以达到传播者预期的传播目标。旅游翻译信息的受众是旅游翻译信息符号的解码者、旅游翻译信息传播活动的参与者和旅游翻译信息传播效果的反馈者。旅游翻译信息受众的这些角色都表明旅游翻译信息的受众不是静静地坐等传播者将信息传给他们，而是根据自己的生活阅历、知识积累、兴趣、个性、旅游心理等因素对接收到的信息进行个性化解读。受众可能会采用不同的立场进行解读，如主导立场、

---

[1] 吕杰：《心理学》，吉林大学出版社2017年版。

协商立场或对抗立场。旅游翻译信息的传播受众对传递给他们的信息可能会表现出认同、不认同、反感等多种不同的反应。如果传递的旅游翻译信息的文本惯例完全不符合目标受众的阅读期待和习惯,传递的旅游信息不是他们真正想知道的,那么这样的旅游翻译文本就很可能完全得不到他们的认同,其传播效果可想而知。所以旅游翻译者倘若忽视了目标受众的角色和作用,传播便会出现问题。

受众研究还包括一项非常重要的内容,即受众反馈研究。受众反馈研究和传播效果研究彼此联系非常紧密,受众的反馈在很大程度上能体现出传播的效果。一般来说,通过问卷、电话、网络等方式对受众进行调查,以受众反馈评估传播效果。

受众是所传播文本的解读者,是整个传播活动的参与者,是所传播信息的落脚点和最终传播效果的检验者,其地位非常重要,任何忽视传播受众的做法都会使传播效果受到影响。因此,分析传播受众是研究应用翻译的重要环节,不考虑传播受众的翻译是不完整的,也不符合传播学规律。传播受众理论为应用翻译研究开辟了一个全新的视角,对翻译信息的顺利传播和传播效果的实现具有重要的指导意义,也为译者在具体翻译策略和方法的选择上提供了参考。

第四节　国内外基于传播学的翻译研究

一、国外相关研究

从传播学角度研究翻译可以追溯到奈达的研究。奈达的翻译思想经历了三个不同的发展阶段:描写语言学阶段、交际理论阶段、社会符号学阶段。在第二个发展阶段即交际理论阶段,他把现代通信论和信息论的成果运用于翻译研究。他认为翻译就是交际,进而提出翻译的交际学理论。根据他的观点,任何信息如果不起交际作用,则都是毫无用处的,也就是说,译文如果不起交际作用,不能被译文接受者理解和接受,就是没有任何价值的。而要使译文被接受者看懂,翻译时就必须考虑语言交际活动的一切有关因素。奈达认为任何一种交际活动都包含八大要素：1.信源。2.信息内容。3.信宿或信息受体。4.信息背景。5.信息编码。6.感觉信道。7.工具信道。8.噪声。奈达提出的交际活动八要素借用了传播学术语,认为翻译活动具有传播学性质,对八大要素的分析也充分体现了传播学对他的影响,但他却没有按这一翻译即传播的思路走下去。

德国翻译理论家威尔斯在《翻译学：问题与方法》一书中指出,翻译这门学科形成的过程之所以如此缓慢,是因为人们"不知应遵循什么特定的研究模式,也不知应按什么顺序去加以研究",而且以往的研究"迫使翻译学忽视本身的许多特点,特别是有关信息传递性质的那些特点",所以,他写这本书的一个宗旨就是"认为翻译乃是与语言行为和抉择密切相关的一种语际信息传递的特殊方式"。[①]

威尔斯认为,传播过程中的传者—受者模式实际上是翻译理论中的源语—目的语模式。跨语言翻译是一种特殊的传播,其特别之处在于翻译中涉及源语和目的语两种语言。

二、国内相关研究

国内的传播学研究起源于20世纪70年代,复旦大学新闻系刊物《外国新闻事业资料》上发表了第一篇传播学译文《公共传播》,介绍了一些传播学的知识。这是国内第一次公开介绍传播学。传播学虽然在中国起步比较晚,但进步比较快。20世纪90年代中后期,翻译学研究者开始提出一种新的理论,即翻译传播理论,将翻译学纳入传播学领域进行研究,认为翻译本身就是一种传播

---

① （德）威尔斯：《翻译学：问题与方法》,祝珏,周智谟,译,中国对外翻译出版公司1989年版。

行为。

吕俊教授是国内翻译传播理论的先驱研究者，1997年他在《外国语》上发表了题为《翻译学——传播学的一个特殊领域》一文，在国内首次提出了翻译学传播理论。他认为，翻译是一种跨文化的信息交流与交换的活动，其本质是传播，无论是口译、笔译还是机器翻译，不管是文学作品的翻译还是科技文本的翻译，它们要完成的任务都可以归结为信息的传播。翻译具有传播学的一般性质，是一种社会信息的传递，是传播者、传播渠道、受传者之间一系列关系的表现，原理与普通传播相同。有所不同的是，翻译是跨文化进行的。[①]

吕俊认为，以往的翻译研究更多地是把翻译看成源语与译语之间的两极过程，忽视了在信息传递过程中的其他诸多因素，把信息传递这一动态系统看成了静态的两极封闭系统。而传播学却使人们看到了一个开放的动态系统，使我们可以对翻译的本体、主体、客体、载体、受体等诸方面进行系统性研究，这对翻译学的建立与发展十分有利。

吕俊教授提出，传播学视角下的翻译研究应具有以下五个特点：整体性、动态性、开放性、综合性和实用性。传播过程的七个要素即谁传播、传播什么、通过什么渠道传播、向谁传播、传播的目的是什么、传播在什么场合下进行、传播的效果如何，构成了翻译过程的整体，整体性指的是这七个要素相互制约、彼此联系，在翻译研究中不能割裂各要素之间的关系孤立地去研究。动态性强调的是各要素之间的互动性，翻译活动作为一种跨文化、跨语言，甚至是跨时代的活动，各要素都含有许多变量，必须在整体原则下去分析这些变量，并控制这些变量在变动中保持整体系统的平衡发展。开放性是指翻译学同传播学一样，也是多学科介入的综合性学科，它能从任何一个角度、任何一个要素或层面向着要解决的那个任务的所有现象开放，使凡是与之有关的各学科的知识、方法都能渗透到这个系统中来。综合性是指翻译学是一个综合性学科，是在诸

---

① 吕俊："翻译学——传播学的一个特殊领域"，《外国语》，1997第2期，第40-45页。

多学科孕育和催动下才形成和发展起来的，原来的翻译研究一直排斥综合性，各派观点互相攻击，论战不休，这都是学科不成熟的表现。实用性是指理论对翻译实践的指导作用，以往局限于语言与文学两个方面、源语与译语两极之中的翻译理论不能适应变化频繁的实际信息传播的活动，因而缺乏实用性。①

吕俊教授认为，把翻译研究纳入传播学的框架具有非常积极的现实意义，以信息论、控制论和系统论作为学科来源之一的传播学的研究成果对于翻译研究有着重要的指导意义。在当今信息化、全球化背景下，翻译活动的传播学研究框架更显出其强大的解释力和适用性。②

廖七一教授于1997年在《四川外语学院学报》上发表了一篇题为《翻译与信息理论》的论文，将信息论的一些基本理论应用于翻译研究。他认为，信息论中的一些关键术语，如编码、解码、信道容量、噪声、冗余和传输负载，为翻译研究与实践开辟了新的领域，并从这个新的角度对如何解决原文信息传输量与译文读者解码能力之间产生的矛盾展开论述。他认为，翻译的过程实际上是香农信息交流过程模式的简略形式，所不同的是译者扮演着双重身份。原文读者和译文作者，既是信息的接收者，又是信息的发送者，因此从原文到译文的过程是二次传播的过程。③由此可见，廖七一教授运用信息论对翻译过程的模式进行的分析充分体现了传播学的基本思想。

从传播学视角研究翻译，国外已经逐步开展并取得了一定成果，但都是借用传播学某个理论或观点进行分析，尚不够系统深入。国内从传播学角度研究翻译的学者也非常之少，笔者以"传播学"和"翻译"为主题词查询中国知网，发现相关期刊论文有220篇，硕博论文有96篇。通过梳理发现，60%以上的期刊论文是有关传播学视角下的文学翻译或典籍翻译。如王家根、陶李春（2019）以赫胥黎的《天演论》为例在传播学视角下进行了编译翻译策略研究；谢柯、

---

① 吕俊："翻译学——传播学的一个特殊领域"，《外国语》，1997第2期，第40-45页。
② 吕俊："翻译学——传播学的一个特殊领域"，《外国语》，1997第2期，第40-45页。
③ 廖七一："翻译与信息理论"，《四川外语学院学报》，1997年第3期，第82-86页。

张晓（2019）提出基于传播学的中国当代文学"三阶段译传模式"，认为中国当代文学要真正"走出去"不仅要重视翻译，还不能忽略传播，作为跨文化传播行为的中国当代文学译传只有遵循传播规律才能获得良好的传播效果；林宗豪、王宏（2017）对古代科技典籍英译本现状及成因进行了传播学阐释。

也有一些从传播学视角研究应用翻译的期刊论文。黄怡（2019）从传播学的视角研究 China Daily（《中国日报》）中软新闻的英译，可发现在语言层面上采用归化翻译策略有利于文化输出和对外交流；吴先泽（2018）在传播学视角下进行电影翻译中的文化意象探索；邱进、谢柯（2017）考察了中国保险企业网站中的企业概况英译文和英美保险企业网站中的企业概况后，指出了中国保险企业网站中企业概况的英译文存在的问题，并从传播学视角提出了外宣翻译须遵循的基本原则。

综上所述，目前国内从传播学视角进行的翻译研究以文学翻译为主，应用文本的翻译研究相对较少，虽然近年来有越来越多的学者从该角度进行了一些应用翻译研究，但大多数研究仍停留在随感式、经验性的总结。此外，目前从传播学视角研究应用翻译的论著也较少，本研究在前人研究成果的基础上，在传播学相关理论指导下进行各种应用翻译文本研究，如旅游翻译、广告语翻译、公示语翻译、外宣翻译、影视文本翻译及新闻翻译等应用文本，从传播学视角研究英译文本存在的问题、翻译遵循的原则及具体的翻译策略和方法。

第五节　文化与跨文化传播的关系解读

文化与传播之间有着密切的关系，上文分析了文化与传播的基础知识，本节就对二者的关系展开论述和探讨。

一、传播使文化得以延续

文化是在传播过程中生成、发展、变迁的,传播是形成、保存和发展人类文化的必由之路。只有通过传播,文化才有生机和活力,并不断发展下去。

区域文化的联系在人类早期社会就已存在,相邻部落的联系也一直都存在,借助传播而不断扩展开来。后来的历史经验也表明,文化依赖于传播的建构活动,文化的形成和发展一直受传播的影响。在传播过程中,文化中的经验、知识、技术、思想等逐渐发展、丰富,同时进行新的文化创造与积累。

二、文化是传播的语境

没有文化的传播和没有传播的文化是不存在的,这主要包括以下两种内涵:

(1)传播是基于人类生存与发展的需求而产生的,体现在人们的日常生活中,是人类的一种主要生存方式。

(2)文化具有明显的动态性,文化从一产生就有向外扩展与传播的冲动,文化的传播是文化生存与发展的必然需求。

爱德华·霍尔将文化视作传播。他认为,人类的任何传播都离不开文化,没有传播,也就没有文化。此外,他对文化与人的传播行为之间的重要关系予以了描述,阐明了文化如何在人与外部世界之间设置具有高度选择性的"屏障",为人们提供了外部世界的结构,使文化以多种形态决定人们该注意哪些方面,不注意哪些方面,同时决定了人们的选择。[①]

总之,文化是传播的结果,所有的文化都是混合而成的,没有哪一种文化是独立单纯的。

---

① (美)爱德华·霍尔:《无声的语言》,侯勇译,中国对外翻译出版公司1995年版。

三、传播促进文化变迁与整合

文化的变迁指的是世界上的文化均处于不断发展与变化中，都经历着产生、发展、变化、衰退和再生的过程。传播是文化变迁最根本的原因。例如，20世纪初中国发生的"五四"运动和新文化运动，是中国近现代社会的一次大规模的文化变迁，这主要是在西方民主和科学思想传播影响下形成的。

文化整合与文化变迁相互关联，涉及不同文化的兼容和重组，是不同文化之间彼此吸收、认同并趋于一体化的过程。研究者在考察英属北美殖民地时期英国文化的地位时发现，尽管英国文化在殖民地占有主导地位，但因为这里的移民群体还来自西欧其他国家，所以殖民地的文化实质上是多元的，其中也包括印第安文化——不仅吸收印第安人的农业技术、军事经验和生产知识，甚至包括美国宪法的制订都参考过易洛魁人的政治经验。在今天看来，印第安文化对美国的影响，不仅反映在美国文化的不同方面和不同层次中，甚至也反映在美国人的性格之中。

中国文化就是不同文化要素和谐适应的过程和结果。历史地看，中国文化并不是单一族群的文化，而是历经数千年、融合中华大地所有族群文化的中华民族文化，不仅兼容了中原文化、吴越文化、巴蜀文化、楚文化等不同文化元素，还融合了周边各个族群的文化以及外来文化。这种整合既是社会发展的结果，也是跨文化传播的产物。中国文化历经几千年而仍然生机盎然的一个根本性原因，就是多元文化的交融、冲突为其延续和发展提供了强大的动力。

跨文化传播研究是由文化人类学、语言学、社会学、心理学等不同学科的学者共同开拓的。这些学科不仅构成了跨文化传播学最为直接的理论来源，也对跨文化传播研究的研究方法和研究取向具有独特的贡献，其前沿进展也为这一领域与其他知识系统的交会提供了更多的可能性。无论如何，跨文化传播学得以存在和发展的根本动力，就在于对这些学科已有理论预设的追问以及新成果的运用和重构。

四、跨文化传播

跨文化传播是指具有不同文化背景的人员从事交际的过程，是文化认识和符号系统不同的人员之间的交际。它涉及方方面面的交往，如不同社群之间的交往、不同族群之间的交往、不同文化之间的交往、不同国家之间的交往。其具体包含以下几个要点：

（1）交际双方的文化背景不同，具体涉及来自不同的文化圈、来自带有文化差异的同一文化圈内部。

（2）交际双方使用同一种语言进行交际。这种语言可以是一个交际者的母语、另一个交际者的第二语言。

（3）交际双方进行交际的方式多样，如利用语言符号进行交际；利用非语言符号（如演出、画报、影像等）进行交际；进行单向交际方式，如广播、广告、电视等；进行双向交际方式；书面交际形式；口头交际形式等。

跨文化交际发挥着重要的作用，它推动了人类文明的进步和社会的变迁。跨文化交际使不同国家、不同民族联系在一起，促使整个人类社会协调发展。

五、跨文化传播历史

人类进行跨文化传播活动的历史可谓源远流长。公元前18世纪古巴比伦王国的《汉谟拉比法典》中，就有了针对在国外购买奴婢的规定。公元前1750年，古埃及就有了埃及人与亚洲人交往的记载。中国历史上的周穆王西征、徐福东渡、张骞通西域、甘英使大秦等，也是跨文化传播活动的具体表现。繁盛一时的丝绸之路，川流不息的遣隋使、遣唐使，更堪称人类历史中跨文化传播的典型范例。距今 600 多年前，郑和船队 7 次跨越南中国海和印度洋，远达阿拉伯半岛和非洲东海岸。接下来的一个世纪里，西方探险家迪亚士、达·伽马、哥伦布等人的足迹从欧洲延伸到世界各地，开启了地理大发现的伟大时代，伴随而来的海外贸易与殖民活动促进了世界范围的交往，人类的跨文化传播活动也开始了新的篇章。随着跨文化传播活动的不断增多，不少跨文化传播的实践者便开始关注这一现象。系统地研究跨文化传播活动的第一人是 20 世纪 50 年代的爱德华·霍尔。

六、跨文化传播的现状

在全球化的影响下，跨文化传播越加频繁。这不仅是科学技术发展的结果，同时体现出世界经济、文化的重要变化。下面对跨文化传播的现状进行分析与说明：

（1）现在地球居民越来越多，20 世纪末世界总人口便已经超过了 60 亿。而与人口数量相对的地球资源却具有有限性，一些基本的生活资料日益减少。人们通过互相沟通与交换来使用地球上的有限资源，跨文化传播对世界资源的协调发展有着重要的媒介作用，这也是跨文化传播发展迅速的重要客观原因。

（2）地球政治文明是一个牵一发而动全身的有机整体，当世界某一地区出现争端时，总会对其他地区产生一定的影响。因此，不同的国家和地区开始使用跨文化传播的方式积极展开交流与沟通，从而处理不同的危机与争端。

（3）跨文化传播发展的条件十分便利。随着信息技术的发展，世界传播与运输方式得以向着更加即时、快捷的方向前进，提高了传播的效率。同时，世界经济的发展，使得国际旅游活动发生的数量剧增，人们有更多的机会和条件来了解其他国家、民族、文化，促进了国家沟通与交流的进行。国际贸易也是跨文化传播出现与发展的重要契机。信息化时代的到来，更是使得人们足不出户便可以进行国家间的沟通与文化传播。

（4）需要指出的是，在跨文化传播过程中，商业上的问题十分突出。由于全球化进程的加快，很多跨国企业都在积极开拓国际市场，使得世界竞争更加激烈。在这些跨国公司中，员工来自五湖四海，因此在交流过程中也是一种跨文化传播。

（5）在教育方面，跨文化传播也有着重要的影响作用。例如，现在很多高校都积极展开国际学习合作，如果一些学生无法和来自其他文化背景下的学生进行交流，就难以在学习上取得更大的进步。

第二章　翻译的跨文化传播属性研究

跨文化传播研究主要是根据文化与传播的关系，分析异质文化在传播过程中发生的变化以及文化变化对传播的影响，探讨传播对人类文化意识、文化行为，以及文化习俗等方面的影响。

第一节　翻译的本质与标准

翻译的概念是翻译理论的基础与原点。翻译理论的很多流派都对翻译进行过界定。人们的翻译活动已经有2000多年的历史了，对翻译概念的认知也随之发生了改变。

在将文化性体现出来的同时，很多学者习惯采用"跨文化交流"或"跨文化交际"这样的说法。学者普罗瑟认为，跨文化交流活动需要的是双向互动，但是跨文化传播需要的则是单向互动。由于具体的翻译活动往往呈现的是单向过程，因此决定了翻译活动应该是一种传播活动。所以，如果确切地对翻译进行界定的话，可以将翻译定义为"一种跨文化传播活动"。

如果翻译的语言特征体现为不同语言之间的转换，那么翻译的文化特征体现的则是文化移植。无论是从语言转换的角度，还是从文化移植的角度，翻译都是单向性的。

"意义"相比费奥多罗夫的"所表达出的东西"，更具有术语性，用其解答什么是翻译的问题是翻译学界的一大进步。但是也不得不说，有时候运用"意义"对翻译进行界定会引起某些偏差,因为很多人在理解意义时往往会受到结构主义语言学的影响,认为语言是有着固定的、明确的意义的。

20世纪下半叶,结构主义学派的意义观受到了解释哲学、现象学等的挑战,在他们看来,语言的意义绝对不是像结构主义学派认为的那样是透明的、不变的。就意义的角度对翻译进行界定,有时候需要添加一些附加条件。例如,巴尔胡达罗夫在指出"应该保证内容(意义)的不变"的同时,认为"这只是相对来说的,并不是绝对的。在语际转换的过程中,不可避免地出现损失,即存在有些在原作中所传达的意义无法表达的情况"。[1]

著名语言学家利奇(L.N.Leech)在指出意义的七大类型的同时,认为"我不希望给人留下这样的印象,即这些就是所有意义的类型,能够将所传递的一切意义都表达出来"[2]。此外,利奇还使用 sense 来表达狭义层面的意义,而对于包含七大意义在内的广义层面的意义,利奇将其称为交际价值,这对于人们认识翻译有着十分重要的意义。也就是说,源语文本中的各种意义实质上都具有不同的价值,将这些价值进行结合就是所谓的总体价值。

王宏印在对翻译进行界定时指出:"翻译的客体是文本,并指出文本是语言活动的完整作品,其是稳定、独立的客观实体。"[3]但是,原作文本作为一个整体如何成为译本呢?笔者认为,美学中的"再现"恰好能解释这一过程。

在美学中,再现是对模仿的超越。在模仿说中,艺术家的地位不值一提,他们不过是现实之后的"奴仆",他们的角色如同一面镜子,仅是被动的记录者,自己是一无所有的。也就是说,在模仿说中,艺术品、艺术表现力是不值一提的,因为到头来要评定艺术品,看其是否与真实物相像。但是实际上,模仿说并未将艺术创作的真实情况反映出来,在看似被动的模仿过程中,也包含了很多艺术的创造与表现行为,其中蕴含了艺术家个人的风格与体验。

---

[1] 巴尔胡达罗夫:《语言与翻译》,蔡毅,虞杰等编译,中国对外翻译出版公司1985年版。
[2] 王宏印:《中国传统译论经典诠释:从道安到傅雷》,湖北教育出版社,2003年版。
[3] 王宏印:《英汉翻译综合教程》,辽宁师范大学出版社2002年版。

再现论并不是将艺术品判断视作一个相似或者相像的评价，而是一个审美层面的判断。同样，无论原作是否具有艺术价值，译作都是对原作进行的再现，而不是一种复制或者模仿。正是基于这个意义，我们认为译本是原作的再现，翻译是对原作进行再现的过程。

再现与被再现本身并不等同，而是一个创造性的艺术表现形式，同时再现还可以实现译作替代原作的功能。

一、翻译的本质

翻译学是一门跨学科的综合性学科，它涉及的许多相邻学科便成为研究翻译的多种途径。译者源语理解能力越强，译语驾驭能力越强，那么他对翻译本质的认识就越是深刻。但这种对翻译本质的认识必须建立在一定的翻译意图基础上。我们知道，任何作者都有自己写作的意图、表达的主题，以及实现写作意图、完成表达主题的手段。"意图"和"主题"，也就是通常所说的内容，"手段"就是形式。同样，任何译者也都有翻译意图以及实现意图的手段。这里的翻译意图既可以指译者自己的意图，也可以是以作者的写作意图为自己的翻译意图。在写作过程中，意图和主题对作者具有操控作用；同样，在翻译过程中翻译意图对译者具有操控作用。关于怎样用译语来实现作者的意图、表达原作的主题，不同的译者往往有不同的看法。正因为不同的译者有不同的看法，从而决定了译者对其他翻译要素的态度。因此，翻译本质在翻译的要素中占有极其重要的地位。

译者对翻译本质的看法最初几乎是与翻译实践同步出现的，它既体现在译者对翻译的直接论述中，又体现在译者的翻译作品中（最初是体现在口译中，而后才体现在笔译中）。

翻译实践在我国历史上很早便开始了，《周礼》《礼记》两部古书中就已经出现了专门从事翻译的官职。《册府元龟》的《外臣部·鞮译》记载："象胥掌蛮夷闽貉戎狄之国使，掌传王之言而谕说焉。""象胥"乃古代翻译官的称呼。

尽管我国先秦诸子百家的著作中很难找到有关翻译的详细论述，但《礼记·王制》的论述揭示了翻译的本质。

《礼记·王制》载："五方之民，言语不通，嗜欲不同。达其志，通其欲，东方曰寄，南方曰象，西方曰狄鞮，北方曰译。"古代翻译官虽然可以有不同的称呼——或寄、或象、或狄鞮、或译，但他们翻译的最终目的和本质在于达"五方之民"之志、通"五方之民"之欲。用今天的话说，翻译的本质在于传达不同民族的思想和情感。

唐代孔颖达《礼记·正义》曰："寄者，言传寄外内言语""象者，言放象外内之言""狄鞮者，鞮，知也，谓通传夷狄之语与中国相知""译，陈也，谓陈说外内之言。"唐代贾公彦《周礼·义疏》解释为"译即易，谓换易言语使相解也"。

译者虽然有不同的称呼，但对翻译本质的认识却是一致的，即"达其志，通其欲"。

在我国古代典籍中，有关翻译本质的论述虽然只有"达其志，通其欲"短短六个字，却揭示了翻译本质中不可分割的四个方面：首先，"达""通"用作行为动词"翻译"讲，是指翻译实践活动本身。其次，"达""通"作形容词使用，指译文的效果，即译文要通顺、要畅达。再次，"其志""其欲"中"其"既可以指外族人（外国人），也可以指本族人。当把外族语译为本族语时，"其志"和"其欲"当然为外族人之"志"、之"欲"，而非本族人之"志"、之"欲"，当把本族语译为外族语时，"其志""其欲"当为本族人之"志"、之"欲"，而非外族人之"志"、之"欲"，可见，不论是外族语到本族语的翻译还是本族语到外族语的翻译，"其"都不是指译者本人，因此翻译时不能随意增添原文中没有的东西。最后,"志"与"欲"指源语(文)的思想情感内容,也就是说,翻译作为一种语言文字实践活动,既要忠实于原文的内容,又要通顺易懂。

《礼记·王制》中"达其志,通其欲"与奈达的"翻译即译意"都强调保持内容的相同性。然而仅有"达其志,通其欲",颇有不足,还须"得其体"。因为,"译事,犹人之穿衣也,人之本也不变,而蔽体之衣也可一日三易。命题犹人之本,语言如蔽体之衣"。

"衣可易可变,然人之本也不变。然人之穿衣亦有讲究,孔颖达云:'体谓容体,谓设官分职,各得其尊卑之体。'简言之,人之穿衣,须搭配得当,得其体也。人之体也,不可削剔,所穿之衣也,须与体相匹配。人体之本所在何也?在其心,在其意也。人之无心,犹行尸;人之无意,如走肉。人之心,人之意,如何能解欤?闻其言,览其文也。言成句,句成文,文达心意。成句之法,语言之不同,则有不同之规;成文之法,语言若异,则有相异之矩。规矩虽有不同,然其心意不变矣。""译事之要旨者,译其心、译其意、得其体也。简言之,译心译意乃译事之本也。"[1] 译其心、译其意、得其体,并非仅为翻译的本质,同时也是翻译的标准。要实现翻译的本质,必须有一定的标准来指导翻译实践,衡量翻译的效果。可见,翻译本质决定翻译标准。

翻译的本质是译其心、译其意。要译其心、译其意就必须首先获其心、获其意,而获其心、获其意的方法有三种:分析研究、与作者沟通、切身体验。

(一)分析研究

分析研究,包括精研细读和知人论世。精研细读要求译者对所译文本的语音、字词、句式、篇章加以精细的研究分析,明确作者措辞的用意和目的,以及表达的内容和情感。

---

[1] 辜鸿铭:《春秋大义》,颜林海译,四川文艺出版社2009年版。

知人论世是中国古代文学批评的原则和方法，其目的是要求人们客观地理解文本及作者的意图，避免误读。《孟子·万章下》载："颂其诗，读其书，不知其人，可乎？是以论其世也，是尚友也。"所谓"知人论世"，要"知人"（了解作品的思想内容）必须先"论世"（作品的写作背景）。清代章学诚说："不知古人之世，不可妄论古人之辞也。知其世矣，不知古人之身处，亦不可以遽论其文也。"①

翻译中的知人论世，是指译者在翻译过程中对文本所涉及的人名、地名等相关信息加以综合分析，包括：①对作者的生平、历史背景和总体写作风格的了解。②对所译原文的意图和风格的了解。③对作品中涉及的人物（虚拟人物、真实人物）、地名（真实地名和虚拟地名）等的了解。④对事件（真实事件和虚拟事件）等的了解。⑤对所用字词的字形、词源的了解。⑥对译文意象、典故的了解。

（二）与作者沟通

翻译过程中，如有可能，译者可以与作者和研究者进行沟通，了解作者的写作意图，寻求解答翻译过程中遇到的一切问题。如果无法与作者沟通，则切身体验。

（三）切身体验

切身体验包括"设身为作者"和"设身为人物"。设身为作者时，要扪心自问：为什么要这么写？这么写有何意图？想表达什么样的情感？正如茅盾所说"把译者和原作者合二为一，好像原作者用另外一国文字写自己的作品"②。设身为人物时，译者要想象自己就是作品中的人物，经历作品中的一切情景，包括情感体验以及人物之间的关系等。

---

① （清）章学诚：《文史通义》，刘公纯标点，古籍出版社1956年版。
② 陈福康：《外国语言文学高被引学术丛书 中国译学史》，上海外语教育出版社2022年版。

二、翻译的标准

随着不同学者对翻译研究的深入，翻译界形成了很多翻译思想，而在这些思想中也蕴含着很多的翻译标准，如严复的"信达雅说"、鲁迅的"信顺说"、泰特勒的"翻译三原则"、奈达的"读者反应论"等。下面就针对一些重要的翻译标准展开论述。

从理论上看，翻译标准多体现为主观性而非客观性，多元性而非单一性，灵活性而非统一性。虽然如此，但翻译标准至少在理论上可以从三个方面加以规约：认知、审美、文化。相对应的就是三个标准：认知标准、审美标准和文化标准。从翻译操作上看，翻译标准又分为内实标准和外形标准。

（一）理论标准

1. 认知标准：真实性与完整性

翻译过程首先是一个从解码获取信息到编码表达信息的认知过程。翻译解码是指译者通过对原文的音字句篇的分析获取其中所传递的信息和意图的过程。翻译编码指根据原文信息和意图在译语中进行语音设置、字词选择、句式建构、语篇组合的过程。翻译编码必须以信息的真实性和完整性为标准，使原文信息真实而完整地得以表达，既不能添枝加叶，也不能断章取义。

在翻译过程中，译者可以把译语加以重新解码，获取其中的信息，即命题，并与源语解码后获取的信息加以比对，从而判定源语和译语信息是否真实相同，即真实性，以及是否完整，即完整性。所谓真实性，是指译语所含的命题与源语所含的命题具有所指的同一性。所谓完整性，是指译语所含的命题数与源语所含的命题数具有相同性。

2. 审美标准：艺术性和个性

任何翻译实践都是一个审美过程。在翻译解码过程中，译者必须带着审美的眼光，对构成原文的字词、句式和语篇的审美特性及其规律与原文的信息意图构成的艺术特性加以认识和领悟。在翻译编码过程中，译者必须用译文把原文的艺术特性表现出来。原文形式与原文内容完美结合便构成了原文的艺术性，每个作家或作者都有自己的个性，每一位译者也都有自己的特性，体现在翻译标准中，就是艺术性和个性。翻译标准的艺术性是指译者用译语表达原文内容所采用的艺术手段和技巧。所谓翻译个性，是指原文的独特性和译者的个体性。原文的独特性即风格，分为三个层面：一是作家的个人风格，二是文本文体风格，三是人物性格。从理论上说，译文中不应该出现译者风格的影子。但在翻译实践中，译文不可避免地表现出了译者的个性。

3. 文化标准：接受性和变通性

作者与源语是源语文化的承载体，译者与译语是译语文化的承载体。任何翻译都是由译者来实现的，因此，译者在翻译时不可避免地受到译语文化的控制。体现在翻译标准上，就是译文的接受性和变通性。翻译的过程是一个源语文化和译语文化冲突磨合的过程。文化冲突体现在翻译标准上就是接受性，文化磨合体现在翻译标准上就是变通性。翻译的接受性体现在源语文化是否被译语文化接受，翻译的变通性是指因译语文化而对源语形式进行灵活处理。但两者都具体体现在翻译策略上的"宜""异""易""移""益""遗""依"。

理想的翻译标准是以上三个方面的完美结合。但在翻译实践中，翻译三个层面的标准对译者的控制作用是各不相同的。文化标准是翻译中的"战略"标准，具有宏观控制作用，指明翻译的方向。审美标准是译者的个性标准，它既是原文独特性的体现，又是译者个性张扬的手段。认知标准是翻译中的"战术"标准，具有微观控制作用。

（二）操作标准

任何语言都可以分为外形和内实两个层面。外形指语言的表层结构，可分为"音""字""句""篇"四个层面，内实指文本外形所承载的"理""事""情""象"。换句话说，说话者总是通过一定的语言形式（"音""字""句""篇"）来表达内心所欲表达的内容（"理""事""情""象"）。语言不同，其语言形式也就不同，具体地说，每一种语言在"音""字""句""篇"上的组合方式都有自己的特点，这种特点就是这种语言的共性。同样，人不同，其语言形式也可能不同，这种"不同"也就是说话者个人的语言风格。

翻译有三大任务：一是要保持原文的"理""事""情""象"。二是要保持译语的顺畅性。三是要保持作者的说话风格。第一个任务要求译者做到理清、事明、情真、象形。第二个任务要求译者做到音悦、字正、句顺、篇畅。第三个任务要求译者将第一和第二个任务完美地结合在一起，保持作者的说话风格。

因此，从翻译操作上来说，翻译标准分为内实标准和外形标准。

1. 内实标准：理清、事明、情真、象形

理清：指文本表达的义理（意义）的清晰性。译者不仅要解读源语所表达或所象征的义理，即意义，还要精心提炼译语来再现源语所承载的义理。

事明：指文本所引典故和所叙事情的明晰性。译者不仅要解读出原文所引典故或所叙事情的意图，还要精心提炼译语，清晰明确地再现源语所承载的"事"。

情真：指文本传情达意的真切性。译者不仅要解读出源语所表达的内心情感，与作者产生共鸣，还要精心提炼译语来传达源语所承载的情感，使译语与源语所抒发的情感保持真切性。

象形：指文本所呈现的意象的形象性。译者不仅要在解读时在大脑中唤起文本所承载的事物意象，还要精心提炼译语，准确形象地表达源语所承载的意象。

音、字、句、篇既可指意理、意事，也可指意情和意象。偏重于"理"者多属于应用文体，偏重于"事"者多属于叙事类文体，偏重于"情"和"象"者多属于文学文体。

2. 外形标准：音悦、字正、句顺、篇畅

音悦：指语音的悦耳性。它是人类为了达到某种意图而在言语语音上的一种审美追求。译者不仅要解读出源语语音秩序、节奏和修辞的意图，还要再现源语语音的意图，并精心提炼译语语音秩序、节奏和修辞，使得译语也具有悦耳性。

字正：指语言字词的正确性。既然是约定俗成，那就意味着汉语有汉语约定俗成的语法，英语有英语约定俗成的语法。文体性是指译语字词与源语字词的文体要保持一致。

句顺：指通顺地设置译语句式，准确地表达源语所表达的意图。

篇畅：指积句成篇上的通畅性。

（三）中国较具代表的翻译标准

1. 严复的"信达雅"理论

严复的"信达雅"理论在翻译界非常著名，并有着深远的影响。虽然其理论独占鳌头，但是学界对这一理论也争论不休。这是由于"信达雅"三个字非常简约，也并没有给予严格的界定与论证，因此给人们留下了广阔的阐释空间。有的认为，"信达雅"理论对翻译实践起着很好的指导意义；有的认为，"信"或者"信达"可以作为翻译标准，但是"雅"不能作为翻译标准；还有人认为，"信达雅"非常空洞，对翻译实践起不到指导性作用。

当然，如果将严复的"信达雅"视作一个抽象的逻辑命题，从脱离时空的角度对其进行评论，那么得出的结论必然是偏颇的。笔者这里将"信达雅"回归历史本位，从语言文化环境出发，对其进行考察，或许就会发现不一样的天地。

也就是说，这里主要从文化翻译的角度对"信达雅"理论进行阐释。

要想弄清其文化含义，需要分析"信达雅"的本质含义。对于这一理论，严复非常明确地界定了三者的关系，即"信"位于首位，认为翻译首先应该做到"信"，即对原作的思想内容进行忠实的传达。其次是"达"，即如果不"达"，那么就不能谈及翻译了。最后是"雅"，对于这个字，评论非常多。有人认为严复的"雅"指的是汉朝之前的字法、句法，因此是过时的，不能用于现代的翻译标准。笔者认为，这样理解失之偏颇，并没有从历史的角度对严复的"雅"进行准确的把握。学者陈福康认为，严复的"雅"从上下文来说，显然指的是译作要注意修辞，要有文采，这样才能流传。这种对"雅"的理解是全面的、准确的，与严复的本意是相契合的。

在严复当时的语言文化环境中，汉朝之前的字法、句法被认为是"雅洁"文字，而要想将外国思想著作的精妙表达出来，就必须用到"雅洁"文字，这样才会显得非常高雅、严肃，才能被读者看重。如果采用的是"利俗"的文字，那么会被读者鄙视。严复的这一"雅洁"的表达方式是经过深入考察而做出的翻译抉择，他的翻译目的是引介西方思想，吸引当时知识分子的注意，从而实现改革。

事实证明，严复的这一翻译策略是正确的，其译作也得到了知识分子的响应，引发了中国人对现实社会的思考，促进了社会的变革。可见，严复的"信达雅"理论中涉及了丰富的文化翻译思想，对翻译实践意义巨大。

2.鲁迅的"易解、风姿"双标准论

鲁迅提出的"易解、风姿"是翻译的标准，也是鲁迅翻译理论的核心内容。鲁迅曾经这样说："在动笔之前，要先解决一个问题，是要归化翻译，还是尽量保留洋气。日本译者上田进君主张采用归化翻译，他认为讽刺作品的翻译应该首先保证易懂。我认为应该是两样都需要的，如果要求易懂，还不如创作或者改作,将事情化为中国的事情,将人物化为中国人。如果是翻译,首要的目的应该对外国的作品进行博览,不仅仅要移情,还要益智,至少要知道什么时候发生了这件事,这就是所谓的洋气。"[①] 实际上,世界上并不存在完全归化的译文,即便有,从严格意义上说也不算是翻译。只要是翻译,就需要兼顾两个层面:一是易解,二是保留原作风姿。但二者往往是矛盾的。鲁迅这一翻译思想的理论价值在于"易解、风姿"要比严复的"信达雅"具有更强大的涵盖力,使得"信达雅"得到进一步的丰富与深化。

3. 林语堂的"忠实"与"美"

(1)在翻译标准上,林语堂提出了三个原则:忠实、通顺、美。这三个标准与严复的"信达雅"可以相媲美。同时,他从三个问题与三重责任的角度对这三个原则加以论述。

三个问题:

其一,译者对待原作的问题。

其二,译者对中文层面的问题。

其三,翻译与艺术层面的问题。

三重责任:

其一,译者对原作者的责任。

其二,译者对中国读者的责任。

其三,译者对艺术的责任。

林语堂的这三大原则虽然是从英汉翻译考虑的,但实际上也适用于汉英翻译。在这三大原则中,林语堂用大量的笔墨来描述忠实原则,这是因为当时翻译界有一场关于翻译的论战:直译与意译。"五四"运动以来,关于直译与意译的争论就没有停止过。

[①] 鲁迅:《鲁迅箴言录》,廖诗忠编,中国文联出版公司1998年版。

面对这场论战，林语堂提出自己的主张，他在《论翻译》一文中认为，对原作的忠实程度可以划分为四个等级：一是直译，二是死译，三是意译，四是胡译。他认为，死译是直译的极端形式，可以称为直译的"过激党"；而胡译是意译的极端形式，是意译的"过激党"，因此在对这一问题进行论述时，林语堂先生将死译与胡译刨除，而单单探讨直译与意译。

对于直译与意译，林语堂先生首先指出的是这两个名称本身是不恰当的，认为虽然便于使用，但是实在不中肯，其不仅不能表达出译法的程序，也容易让人误会。

对于忠实的翻译，林语堂先生指出要传神，认为译者不仅要达到意思的准确，还应该做到传神。语言的用处并不是对意象的表现，而是互通情感，如果仅求得意思的明确传达，则很难使读者获得相同的情感。

林语堂先生在强调忠实原则之后，还客观地指出，绝对的忠实是不存在的，因为译者在翻译时要同时兼顾音、形、神、意等各个层面几乎是不可能的，也是不现实的。

林语堂所提出的句译和字译概念是基于直译与意译建立起来的，是对它们进行的全面总结与思考。因此，对于翻译研究与实践来说意义巨大。

（2）"美"。在对翻译问题的研究中，审美问题也是林语堂关心的一个重要问题。翻译除了要忠实与通顺，还需要注重审美。对于翻译审美问题，他认为主要包含三个层面：

其一，翻译是一门艺术。译者在对小说、散文等文学作品进行翻译时，除了要关注忠实顺达，还需要关注原作的美以及译作美的展现。

其二，艺术文翻译应该注意的问题。

将原作的风格看得同内容一样。林语堂认为，一部作品之所以是优秀的，主要是原作的风格更吸引读者的注意，因此对于译者而言，必须明确原作的风格,然后进行模仿。在将原作风格进行体现的层面上,林语堂还主张要通过间接的方式对原作的风格进行忠实的传达,作为审美主体,译者必须具有与原作者同等的知识背景、气质性格与鉴赏能力。

其三,翻译即创作。他引用了克罗齐"翻译即创作"的这一说法,表达了自己对这个问题的态度与主张。

(四)西方较具代表的翻译标准

1.泰特勒的翻译三原则

英国学者、翻译理论家泰特勒在其《论翻译的原则》一书中提出关于翻译的三条基本原则,具体内容如下:

(1)译文应完整地再现原作思想。

(2)译文无论在风格上还是笔调上,都应与原作性质保持一致。

(3)译文应和原作一样自然流畅。

2.奈达的翻译四原则

奈达认为,在翻译过程中,应该遵循四大原则。

(1)相较于词语一致,保证上下文一致更为重要。对于单词的含义来说,其中涉及的不是语义点,而是语义域,即一个词往往会具备多层含义。在不同的语言中,相应词的语义域并不是完全相同的,因此译者在翻译时需要选择正确的词语对原作进行恰当翻译,考虑选择的词语是否上下文一致,而不应该仅限于某个单词的一致。

(2)相较于形式对应,动态对等或功能对等更为重要。从读者的角度而言,奈达认为译作应该关注是否能够被目的语读者理解。当然,其中的理解并不是目的语读者对某些词语的理解,也不是对句子规范的理解,而是对译作做出的反应。当然,这种反应不可能完全一致,因为源语与译语的历史、文化等存在明显差异。

（3）相较于书面形式，口头形式更为重要。无论何种语言，书面形式与口头形式并不是等同的，有的语言书面形式较为优美，但是如果放在口头上就很难让人理解。因此，译者在进行翻译时需要注意如下几点：

其一，翻译时尽量避免使用令人误解的词语。

其二，翻译时尽量不要使用让人误解的语序及发音。

其三，翻译时尽量不要使用粗俗的词语。

其四，翻译时尽量不要使内容超载，保证简洁最好。

（4）与传统的语言形式相比，读者的需要更为重要。也就是说，译者要照顾读者群体的需要，用大众语言传达原文，而不应局限于传统语言形式。

3.奈达的"读者反应论"

奈达把译文读者的反应作为翻译的重点，同时主张将原文读者对原文可能产生的反应与译文读者对译文的反应进行对比分析。

奈达把读者因素纳入翻译原则中，对翻译原则的研究影响重大。

第二节 翻译的跨文化传播属性与功能分析

翻译是一种跨文化交际活动，本质上具有跨文化交际的所有属性、特征和功能。我们有自己的文化，在更复杂和更广泛的文化背景下，在与其他国家交往、讨论和交流世界文明时，翻译有助于扩大自身文化在世界文化中的影响。

一、跨文化传播属性

作为一种社会实践活动，翻译既是跨语言的，又是跨文化的，具有以下跨文化传播属性。翻译在促进文化传播、地域交流方面起到了重要的载体作用，翻译成为不同民族交流沟通的桥梁，促进了不同民族间的文化互动，也极大地推动了人类文明和世界文化的发展和进步。打破语言障碍，进行信息交流，是人类社会独有的社会实践，在不同的语言和文化背景下，要想实现交流和沟通必须借助符号来进行，在跨文化传播中，翻译扮演了中介角色，通过对文化语言进行解码和编码活动，翻译成为文化和传播的共同载体。

二、译者身份和译者行为

在这个环节，译者就是名副其实的跨文化传播者，其行为方式也就是把自身作为一个传播媒介来进行跨文化的传播活动。

译者既是沟通两种语言的媒介，又是保证交流顺利进行的关键。不通过译者主体的能动作用，翻译这一跨文化的交流活动就不可能完成。在翻译过程中译者的主体身份逐渐彰显，其主观能动作用也逐渐凸显。

翻译实际上是一个译者做出选择的过程。译者作为文本的第一读者，无须再对原作者俯首帖耳，唯命是从。他不该是消极被动的，他可以自由地赋予文本某种意义而无须承担任何责任。译者的主体性至此达到了极致，得到了前所未有的张扬，而译者的主体性地位也逐渐确立。

三、翻译语境和翻译材料的选择

这里的翻译语境就是进行跨文化传播活动的社会文化环境，包括人文环境及自然环境。翻译材料的选择就是为了某种目的而对传播内容进行的选择。

不同的社会发展阶段、不同的翻译语境需要选择不同的翻译材料和文本。在社会变革时期，翻译家们往往出于政治目的，把翻译当作实现其理想抱负的手段，因此在选择翻译材料时，特别注重其思想性。

四、译作的传播渠道及其影响

译作的传播渠道就是跨文化传播渠道或途径，译作影响则体现了跨文化传播的影响环节。大量跨文化传播现象的发生是通过多种渠道进行的，包括使节的往来，以及作为物质文化传播途径的贸易，甚至战争。在这些途径中，有些是有意识的，有些则是无意识的，而译作作为跨文化传播途径之一，其有意识特征是不言而喻的，通过出版、发行，到读者接受，其结果或多或少都会对译入语文化产生影响。

五、翻译的跨文化传播功能阐释

翻译是桥梁，是纽带，是黏合剂，也是催化剂，它可以传递思想，丰富语言，开发智力，开阔视野，从其他语言文化中汲取对本族语文化有益的成分，从而变革文化，发展社会，推进历史演进。通过翻译，能把人类社会文明推向一个更高的层次和发展阶段。

（一）翻译是一座跨文化传播的桥梁

翻译是人类社会迈出相互沟通理解的第一步。无论是东方世界还是西方世界，一部翻译史就是一部生动的人类社会跨文化传播交流与发展史。随着全球经济一体化步伐的不断加快，世界各国间的科技、经济、文化等领域的交流日渐频繁，对翻译的需要越来越多，翻译的重要性也已日益凸显。

自从人类有语言文化、习俗风尚以来，各民族之间为了传递讯息、交流文化，无一不是凭借翻译来达到的。翻译恰如一座桥梁，把两种相异的文化连接起来，在不同文化之间的交流过程中扮演着至关重要、必不可少的角色。

（二）文化翻译产生翻译文化

在异语文化传播中，文化是翻译传播的内容，翻译传播是文化的羽翼，异质文化借翻译而传播、交融和延续。多样的文化造就了五彩缤纷的现实世界，而翻译则打通了不同文化社会之间的分割，形成了一种文化信息与另一种文化信息的交流互动，推动了世界文化的共同发展，创造了共享的人类文明。人类社会的发展史是一部各种文化不断融合的历史。

（三）翻译传播的社会文化功能

翻译的功能主要体现在社会文化层面。社会的变革和文化的发展往往和蓬勃开展的翻译活动有关。翻译可以引发对特定文化乃至社会制度的"颠覆"，也可以助推不同文明向前演进。

研究翻译本身也是一个跨文化的问题，尤其涉及多种文化互动关系与比较研究。翻译研究的兴衰无疑也与文化研究的地位如何有着密切的关系。在跨文化传播研究的大语境下，研究翻译自然也成了一种跨文化现象与活动。

第三节　英汉文化差异对翻译的影响

一、物质文化差异对翻译的影响

鉴于中西饮食文化存在明显差异，在向西方宾客介绍中国菜肴时，尤其介绍中国菜名时，必须掌握一定的翻译技巧，要把握菜肴命名的侧重点，使宾客对菜肴一目了然，并了解菜肴文化背后的内涵。

例如，为了取吉祥的寓意，中国菜名常会借用一些不能食用的物品，如"翡翠菜心"。显然"翡翠"是不能食用的，是蔬菜艺术化的象征，因此在翻译时应该将"翡翠"省略掉。又如，"麻婆豆腐"这道菜是四川地区的名菜，传闻是一个满脸长满麻子的婆婆制作而成的，但是西方人对这一典故并不了解，因此翻译时不能直译为 a pock-marked woman's heanrurd，而应该以这道菜味道的特殊性作为描述重点，为了便于译入语读者理解，可以翻译为 Mapo tofu。

再如，中国饮食文化具有悠久的历史，原材料与烹饪方法非常丰富，很多菜名都是独一无二的，在翻译这类菜名时，往往需要进行迁移处理，把握译入语的当地特色，采用音译的方式来处理。请看下面几例：

包子　　bao zi

馒头　　man tou

汤圆　　tang yuan

馄饨　　wonton

炒面　　chow mein

总之，中英两国在物质方面的差异会给翻译工作者带来一定的困难，译者在翻译过程中要广泛涉猎各种背景知识，只有有了一定的文化知识储备，翻译起来才会更加得心应手。

二、生态文化差异对翻译的影响

受到地理位置差异这一客观因素的影响，中英两国的生态文化也存在着明显的不同。就我国的地理位置来看，我国是典型的大陆性国家，因此，我国具有幅员辽阔、地大物博这一特点，并出现了诸多具有特殊地域色彩的表达。例如，"福如东海，寿比南山""黔驴技穷"等。英国则是一个岛国，以其发达的航海业著称，其语言表达中也出现了很多与船、海洋、水等相关的表述，如 all at sea（不知所措），spend money like water（挥金如土）等。加强对这些生态文化因素的对比，对翻译实践中的与之相关文本材料的理解非常有帮助，有利于作者在源语和译入语之间进行更好的思维转换。

三、政治文化差异对翻译的影响

在英汉翻译过程中，还会涉及一些政治术语、经济术语的翻译。但是，由于各国政治、经济体制的不同，这些文化差异客观存在。因而，在翻译的过程中，应坚持正确的政治立场，在潜意识中树立政治文化对比意识，以保证对这些内容的精确翻译。例如，在美国英语中，jump on the bandwagon 具体是指各政治团体在竞选运动中各自准备了宣传车，以吸引选民们去听候选人演讲，在对这一政治术语进行翻译时，采取了以下两种译法：

译法1：跳上宣传车。

译法2：支持候选人。

译法1的这种直接译法其实是为了用来表示对候选人的支持，但是同第二种译法相比，表达得并不是很到位。因而，第二种译法更可取。

四、观念文化差异对翻译的影响

受群体环境的影响，中国人形成了一种集体主义价值观念。首先，集体主义价值观念要求人们注意长幼尊卑，即无论是对于国家而言，还是对于家庭而言，都要尊重长者。其次，集体主义价值观念要求人们以集体为重，即当个人利益与集体利益发生矛盾时，应该以集体利益为重。最后，集体主义价值观念要求人们处理好人际关系，即彼此之间应该相互体谅、关心、包容。对待亲人和朋友时，应该以真诚的态度，只有对他们真诚，才能收获同样的真心。

西方倡导的是个人主义观念。在意识和权利上，西方人追求的是平等、自由、民主。在个人主义观念的引导下，他们认为个人权利是不能侵犯的，因此在进行交际的时候也更加注重个体的权利，尤其不容别人侵犯自己的隐私问题，如个人的收入、年龄等。

中西观念文化的不同，必然会对翻译产生影响。

例如：You have to blow your own horn.

译文：应吹自己的号角。

Where there is a will, there is a way.

译文：有志者，事竟成。

在对上述两个句子进行翻译时，如果按照西方人的观念文化来翻译的话，就需要将个人化的特征体现出来。

五、思维方式差异对翻译的影响

在各自的环境中，中西形成了各自独特的文化，而文化所形成的思维意识也出现了千差万别的情况。

中国人往往会运用形象思维来描述和表达某个事物和现象。相比之下，西方人则习惯使用抽象的思维来表达和描述。这体现在用词上，汉语中多为具体的词语，而英语中多为笼统、概括的词语。

例如：Is this emigration of intelligence to become an issue as absorbing as the immigration of strong muscle?

译文：知识分子移居国外是不是会和体力劳动者迁居国外同样构成问题呢？

在该例中，原文中的 intelligence 一词本义为"智力，理解力"，muscle 本义为"肌肉，体力"。但是如果直译成这两个意思，那显然不合逻辑，因此就需要将这些抽象名词做具体化的处理，符合汉语的表达习惯，这样汉语读者就容易理解了。

六、社会礼仪差异对翻译的影响

中国人见面时往往会问及对方的年龄、姓名、收入等，但是正如前文所述，西方人对这些是比较反感的。中国人遇到熟悉的路人常会寒暄"吃饭了吗？""去哪里了？""要去上班吗？"之类的话，这些在中国人看来也就是一个打招呼的形式而已。但是，在西方人眼中却被认为是在过问私事，如果说成"Have you had your meal?"则可能被误解是你要请他吃饭。西方人见面常说的是"Hello!""How do you do?"等。

对别人的赞扬，中国人往往会说"哪里""惭愧"等谦虚类的词语，但是西方人则明确地接受别人的表扬，直接说"Thank you"，中国人使用"谢谢"一词的机会也明显要比西方人少很多，尤其是非常亲近的家人和朋友间是不需要说这个词的。即使说了，也会被家人或者朋友认为是见外的。

七、意识形态差异对翻译的影响

意识形态并不是一个具体的物质，但是我们不能认为它并不存在，并可以在其达到某种特定的目标时用固定的语言形式来表达。意识形态是抽象的，甚至可以包含所有与翻译相关的政治语篇。也就是说，意识形态既可以是社会文化的，也可以是政治的，这些意识形态都包含自己的视域，并且在自己的视域下，它们都有其自身特定的理想，或者是鼓励支持，或者是抵制威胁。

如果一些事物没有遵循特定的社会文化，那么社会文化必然不允许其存在；如果一些事物与特定的政治制度不符，那么该政治制度也不会允许其存在。在某些国家，如果目的读者群体认为某些内容是淫秽的或者是不道德的，那么这些内容必然会被禁止传播或者翻译。

例如，在某个社会认为是自由谈论的话题，在另一个社会可能被认为是亵渎行为，这就是意识形态的不同导致的。例如，古罗马诗人奥维德写的《爱的艺术》一书，著名作家克里斯托弗·马洛对其进行了翻译，但是翻译的作品在1599年被禁。到了1930年，美国海关仍然禁止该译作，并进行收缴，因为，在美国人眼中，该书中含有情色方面的内容。

第四节　跨文化传播视角下翻译的原则

传播、文化和意识相互交织在一起，形成了人们在跨文化传播过程中特有的视角。语言作为一种工具性的存在，是人们理解传播、文化与意识的关键所在。在跨文化传播过程中，传播、文化和意识这三个元素看似独立，实则密切结合为一个整体。对于跨文化传播视角下的翻译是否有原则或者翻译是否需要一个原则来约束，不同的学者有着不同的见解。赞同"译学无成规"的大有人在，认为"翻译是一门科学，有其理论原则"的也不在少数。对于这一问题，更多的人倾向于后一种观点。

首先，对所译文本有着深度的文化思考。在翻译活动中，应该特别注意对所译文本的研究与思考，关注读者的理解，充分利用副文本的形式，对所译文本进行阐释与解读，向目标读者介绍文本蕴含的文化特质与价值。对于副文本的价值，翻译界有过很多探讨，如高方就特别指出副文本对作家、作品进行介绍，或对社会文化背景、文化、社会差异加以分析，或对翻译障碍、理解难点进行讨论，对读者理解作品具有很大的启发。[①] 这要求一名译者有广阔的文化视野与人文情怀，心中有读者的期待。

其次，具备文化交流的意识。在新的历史时期，精神文明被提到了更突出的位置。译者作为文化传播的桥梁，在全球化的今天，应该拥有清醒的文化意识。经济全球化和文化全球化相当于一个人的两条腿，我们应该用两条腿走路，否则就不是一个健全的人。西方文化中的利弊，需要通过学习中国文化来克服，这也是西方有志之士转而向中国文化寻求智慧的动机所在。不同民族语言文化之间的交流，是一种需要。任何一个民族要想发展，必须走出封闭的自我，只

[①] 高方：《高等学校外国语言文学类专业"理解当代中国"系列教材 法语系列教材 法语演讲教程》，外语教学与研究出版社2022年版。

有在和其他文化相互碰撞、相互融合的过程中，自身才能得到发展。在这样一个过程中，翻译始终起着重要的作用。

译者不仅要把外国的先进文化引入中国，也要把中国的先进文化传播到外国去。中国文化走向世界，为的是丰富世界文化。要维护文化的多样性，使世界文化之水不断流动，使社会不断的良性发展，需要译者在翻译活动中保持包容的态度。

下面针对跨文化传播视角下翻译的原则展开具体论述。

一、信息等值原则

文化信息等值原则是文化差异背景下翻译活动的重要原则，具体来说，译者要尽量使译文实现与原文在语言、文本、文化以及思维等多层面的等值。下面是国内外一些文化底蕴浓厚的大学的校训的翻译，都很好地遵循了信息等值的翻译原则。

In the Nation's Service and in the Service of all Nations.（普林斯顿大学校训）

译文：为国家服务，为世界服务。

Peace and Light.（塔夫茨大学校训）

译文：和平与光明。

二、文化再现原则

从翻译的性质与任务的角度来看，翻译的过程就是文化再现的过程，因此需要遵循文化再现原则。具体来说，文化再现应该能够再现源语文化的特色。

例如：人怕出名猪怕壮。

译文1：Bad for a man to be famed, bad for a pig to grow fat.

译文2：Fattest pigs make the choicest bacon, famous men are for the taking.

上述原文为汉语中的俗语,是中国传统语言形式之一,具有十分丰富的文化内涵,在翻译过程中很难在英语中找到匹配的表达形式。上述俗语的内涵指的是人一旦出名就会有更大的挑战和困难,因此出名之后的生活反而会十分困难。这就像猪长胖之后逃脱不了被宰杀的命运一样。译文1从原文的文化内涵出发,将其含义表达得淋漓尽致。译文2采用了创译的形式,但是译文和原文在表达和情感色彩方面都存在差异。

三、风格再现原则

在进行文化翻译时,风格再现也是一个重要的原则。通常来说,风格再现原则中的风格主要涉及如下几点:

(1)文体风格。文体不同,风格也必然存在差异,如小说文体与诗歌文体、新闻文体与法律文体等,都呈现着各自的特色,这要求译者在进行翻译时,需要考虑不同的文体风格,除了将彼此文化再现,还需要将文体的风格予以再现。以法律文体翻译为例,译者应该注重法律文体中的庄重、严肃的口吻,切记不要将其翻译成大白话,否则就违背了法律文体的法律意义。

(2)人物语言风格。即意味着遇见什么人,说什么样的话,这主要在文学文体中有着明显的体现。

(3)写作者个人的写作风格。译文也应该展现原写作者的风格,有些写作者要求简洁,有些写作者要求庄重,有些写作者要求华丽等。因此,在翻译时,译者应该将其凸显出来。

第三章 跨文化传播下的英语翻译方法和技巧

第一节 英语翻译的主要方法

英国翻译理论家彼得·纽马克提出了八种翻译方法,从最侧重源语语言到最侧重目的语言组成了一个平底 V 字图形,对原文的忠实度依次递减,翻译的灵活度则依次递增,依次为:逐字翻译、直译、忠实翻译、语义翻译、交际翻译、地道翻译、意译和归化翻译。

美籍意大利学者劳伦斯·韦努蒂从文化语境的角度提出"归化"与"异化"这两种翻译方法。归化是在译文中把源语的文化观念和价值观用目的语中的文化观念和价值观念替代,特别是把原文的比喻、形象和民族地方色彩等用目的语中的比喻、形象和民族地方色彩替代;异化是指在译文中保留源语的文化观念和价值观念,特别是保留源语的比喻、形象和民族地方色彩等。鉴于直译、意译主要涉及语言形式和意义的处理,而"归化"与"异化"为处理文化差异提供了思路,可视为直译与意译的概念延伸和有益补充,可算是两个常见的翻译策略。

我国翻译界经常使用"死译""直译""意译""活译"等术语来讨论翻译方法。其中,直译与意译一直是翻译理论界争论的焦点。经过长期的争论,已逐渐达成一致:直译与意译是相对而言的,二者之间相互关联,没有绝对的界限。

翻译是一种涉及两种文化之间信息转换的跨文化活动。两种文化在风俗习惯、历史、地理和宗教等方面的差异及两种语言结构本身的差异决定了好的译文总是多种翻译方法相结合的结果。故而大到一部作品，小到一个句子，翻译都有可能兼而采取直译与意译这两种翻译方法。然而，究竟是采取直译或意译，还是直译、意译相结合的方法不仅取决于翻译目的、读者对象和语篇类型，还取决于译者的理解能力和写作水平。当原文和译文形式、意义一致时，通常选择直译；当原文形式、意义在译文中难以找到相对应的表达方式时，就需要灵活运用直译或意译去处理了。正如弗雷德里克·M. 勒内所说，说到底，翻译方法不外乎直译、意译及二者的结合。

一、直译与意译

直译与意译是古今中外翻译界长期争论且至今未能解决的一个问题。各个时期，各个翻译家都根据自己的体会对直译与意译提出了不同的看法。

晋代道安、隋代彦琮主张直译，鸠摩罗什主张意译。梁启超在《翻译文学与佛典》一文中指出："翻译文体之问题，则直译意译之得失，实为焦点……新本日出，玉石混淆。于是求真之念骤炽，而尊尚直译之论起。"

20世纪四五十年代，国内译界的朱光潜、林汉达、周建人对直译与意译进行了研究，他们认为直译也就是意译，二者是一回事。林汉达在《翻译的原则》一文中对这一争论做了这样一个小结："真正主张直译的人所反对的，其实并不是意译，而是胡译或曲译。同样，真正主张意译的人所反对的也不是直译，而是呆译或死译。我们认为正确的翻译就是直译，也就是意译；而胡译、曲译、呆译、死译都是错误的翻译。"

20世纪七八十年代的译者周煦良、许渊冲、王佐良认为，直译与意译是不同的，要根据原作语言的不同情况，来决定是该直译还是意译。王佐良教授是主张直译与意译完美结合的，他于1979年在《词义·文体·翻译》一文中写道："要根据原作语言的不同情况来决定，其中该直译的就直译，该意译的就意译。一个出色的译者总是能全局在胸而又紧扣局部，既忠实于原作的灵魂，又便于读者的理解与接受。一部好的译作总是既有直译又有意译的：凡能直译处坚持直译，必须意译处则放手意译。"①

直译和意译的孰是孰非问题不仅存在于中国翻译界，同样长期存在于西方翻译界。英国剑桥大学斯坦纳教授和德莱顿教授主张意译，他们认为翻译的正确道路，既不是直译，也不是模仿，而是意译。翻译的实质是用一种语言重新表达另一种语言所要表达的内容。更具体地说，翻译就是用译文的语言形式重新表达原文的内容。然而，由于文化、社会、历史、地理等方面的差异，两种不同的语言在表达方式上或多或少会有出入，各有特色。翻译如果既传达原文意义又照顾形式那就是直译，传达意义但不拘原作形式的翻译即为意译。

实际上，直译与意译是译事中基本手段的两个方面，笔者认为，在翻译中既有直译存在的可能性，也有意译存在的必要性。使用直译还是意译，取决于英语和汉语两种语言的规则。该直译的要直译，这样才能忠实传达源语的思想，反映源语的表达方式甚至作品的风格，做到形神兼备，否则译品就会失去原作的精髓；相反，如果该使用意译而采用直译，这就是所谓的"硬译"或"死译"，译文必定会佶屈聱牙，文理不通，读者不知所云。事实上，在翻译过程中，我们必须根据实际情况来运用直译或意译。

（一）直译（literal translation）

直译是指译文的语言表达形式在目的语规范容许的范围内，基本上遵循源语的表达形式且忠实于原文的意义。简而言之，直译就是按照原文的字面意思直接翻译为译语的翻译方法。

---

① 王佐良："词义·文体·翻译"，《读书杂志》，1979年第5期。第127-134页。

直译最大的优势在于能在译文中保留源语的文化观念和价值观念，特别是保留原文的比喻、形象和民族地方色彩等。鲁迅十分尊重原作，坚持"宁信而不顺"的翻译原则，主张直译，不仅强调忠实于原作思想，而且力图不随便改动原文句式，以保存原作风貌并输入新的表达方法，但绝不是主张逐字"死译"或"硬译"。

交际语言所包含的意思可以细分为三方面：字面意义、形象意义和隐含意义。人类在感情、社会经历及对客观事物的感受等方面会有相似之处，因此，不同语言中通常会有少量相同或相似的表达方式。这些语言的字面意义、形象意义相同或相似，隐含意义也十分接近，即所传达的文化信息是相同的。采取直译的方法直接套用相同的表达式，既可保留原文的字面意义、形象意义和隐含意义，又可保留源语的风格，译文读者易于理解和接受。

另外，有些汉语词汇按照文字的字面意思直接翻译成英文，不仅易懂，而且传神，并已逐渐被接受为正式的英美民族语言。

由于中西方思维方式和文化背景不同，人们对周围环境做出的反应及表达方式也各异。翻译时，如果源语形象所承载的比喻意义无法在译语中再现，根据上下文，可以选用译语读者所熟知的形象替换源语形象。虽然这样翻译会导致译语和源语的形象意义不同，但是传达了真实含义，可达到相同的语用效应，使读者产生相同或相近的感觉。

再者，汉语里的一些俗语、习语生动形象，隐含着特定的民族历史、经济文化、生活习惯等方面的情况。翻译时既要力求保持原文的文化价值和生动形象的比喻，又要考虑到读者的接受能力。总之，只要读者能理解，就可以采用直译的方法翻译。

周作人曾说："直译也有条件，便是必须达意，在汉语能力所及的范围内，保存原文的风格，表现源语的意义，换一句话说就是信与达。在努力再现原作效果时,太过于直译便可能成为"死译"或"硬译"。①另外,有些语句如果直译,表面上看中英文对应很恰当,但语言的隐含寓意却有较大差异,翻译时需慎重对待。

著名学者刘重德教授在他的专著《文学翻译十讲》中曾提到茅盾对直译的定义:

Superficially speaking literal translation means "not to alter the original words and sentences"; strictly speaking it strives "to keep the sentiments and style of the original".(从表面上讲,直译是指"不改变原语的词句";从严格意义上来讲,直译意味着"保持原语的观点与形式"。)

(1) Literal translation takes sentences as its basic units and the whole text into consideration at the same time in the course of translating.(直译以句子为基本单位,在翻译过程中同时考虑整个文本。)

(2) Literal translation strives to reproduce both the ideological content and style of the entire literary work and retain as much as possible the figures of speech and such main sentence structures or patterns.(直译力求再创整个文学作品的思想内容与风格,同时尽可能地保持原修辞手法、句子结构和句型。)②

金隄和奈达在合著的《论翻译》(*On Translation*)一书中,列举了人们对"直译"的几种看法或理解:

(1) Following the word order of the original.(遵循原文的词序。)

(2) Trying to reproduce the syntactic clauses of the source languages.(e.g.translating nouns by nouns and verbs by verbs.)(尝试再现源语言的句法从句,例如,名词对名词翻译,动词对动词翻译)。

(3) Trying to match all the syntactic constructions, actives, passives, relative

---

① 周作人:《周作人书话》,北京出版社1996年版。
② 刘重德:《文学翻译十讲》,中国对外翻译出版公司出版1991年版。

clauses, conditions contrary to fact, etc.(尝试匹配所有的句法结构,包括主动语态、被动语态、定语从句、与事实相反的条件句等。)

(4) Trying to follow a strict concordance of lexical items, that is always translating one word in the source language by one and the same corresponding word in the target language.(尝试遵循词汇项的严格对应,即总是将源语言中的一个词翻译为目标语言中相同且对应的一个词。)

(5) Matching rhetorical features (e.g.parallelism, hyperbole, understatement etc.) [匹配修辞特征(例如,平行结构、夸张、低调陈述等)。]①

纽马克认为,"...provided that equivalent effect is secured, the literal word-for-word translation is not only the best, it is the only valid method of translation. There is no excuse for unnecessary 'synonyms', let alone paraphrases, in any type of translation."(在保证翻译效果的前提下,字对字的直译不仅是最好的,而且是唯一有效的翻译方法。在这种情况下,无论何种类型的翻译,都没有理由采用不必要的近义词,更无须用意思翻译的方法。)②

从以上论述可以看出,直译就是在不违背译文语言规范及不引起错误联想的前提下,在译文中既保留原文内容又保留原文形式,特别指保持原文的比喻、形象和民族地方色彩等。但直译不是死译或硬译,而是在译文语言条件许可时,在翻译中既保持原文的内容,又保持原作的风姿。因此,直译法的正确采用不仅能保持原文的形式,更能保持其内容和意义。在某种程度上,直译不仅能保持原作的特点,而且还可使读者逐步接受原作的文学风格。

直译法极大地丰富和拓展了汉语的词汇及表达方式和范围。英语中有很多成语和词组在结构和表达上与汉语一致,因此可采用直译法来翻译。例如,pour oil on fire(火上浇油)、have something at one's finger-ends(了如指掌)、

---

① 金隄,奈达:《论翻译》,中国对外翻译出版社1984年版。
② 彼得·纽马克:《翻译问题探讨》,上海外语教育出版社2001年版。

better is a neighbor that is near than a brother far off（远亲不如近邻）、you can't clap hands with one palm（孤掌难鸣）、walls have ears（隔墙有耳）、an eye for an eye，a tooth for a tooth（以眼还眼、以牙还牙）、hot line（热线）、chain stores（连锁商店）、round-table conference（圆桌会议）、baptism of war（战争洗礼）、to show one's cards（摊牌）、to be armed to the teeth（武装到牙齿）、to shed crocodile tears（掉鳄鱼眼泪）、gentle men's agreement（君子协定）、cold war（冷战）、hot dog（热狗）、bird flu（禽流感）、gene therapy（基因疗法）、dark horse（黑马）等。

下面请再看一些用直译法翻译的例句。

例1：The winter morning was clear as crystal. The sunrise burned red in a pure sky, the shadow on the rim of the wood-lot were darkly blue, and beyond the white and scintillating fields patches of far-off forest hung like smoke.

译文：冬天的早晨水晶般明澈。纯净的东边天上朝日烧得通红，林子边上的影子是暗蓝色，隔着那耀眼的白茫茫的田野，远处的森林像挂在半空中的烟云。

分析：这段译文虽然用的是直译，但没有因为英汉习惯的差异而露出生硬牵强的痕迹，译文再现了原文的风格，完全保留了原作的风姿，传形传神。

例2：Numerous states, in fact, have enacted laws allowing damages for "alienation of affections".

译文：实际上，许多州都颁布法令，允许索取"情感转让"赔偿金。

分析：此处用直译的方法将"alienation of affections"译为"情感转让"，可以简单明了地传达原文所要表达的含义，即批评有人拿感情当商品一样对待，随便转让、出卖，隐含一种诙谐、冷幽默的语气。

例3：He walked at the head of the funeral procession, and every now and then wiped his crocodile tears with a big handkerchief.

译文：他走在送葬队伍的前头，还不时地用一条大手绢抹去他那鳄鱼的眼泪。

分析："wiped his crocodile tears"直译为"抹去他那鳄鱼的眼泪"，形象生动；如果意译为"猫哭耗子假慈悲"或"假惺惺的泪水"，反而语气减弱，失去了原文的韵味。

例4：He is like a toad trying to swallow a swan.

译文：他那是癞蛤蟆想吃天鹅肉。

（二）意译（liberal translation or free translation）

意译是指在忠实于原文内容的前提下，不拘泥于原文的语言形式，摆脱原文结构的束缚，使译文的表达完全遵循并符合译语语言规范的翻译方法。

汉语和英语属于不同语系，二者的语言文化及思维方式不同，词汇、句法结构及表达方法差异较大，两种语言的字面意义、形象意义或隐含意义也不尽相同，某些意义甚至完全缺失。在这种情况下，直译无法兼顾原文的意义和文化内涵，甚至会影响对语言的理解或相互之间的交流。为了再现源语的语义效果、传达原文的语用目的，译者只能采用意译法，舍弃原文语言形式或字面形象的对等，在译语中寻找能够表达源语真正含义的表达法，必要时调整甚至改变源语的句子结构，或直接译出语言的隐含意义，使译语和源语达到意义上的对等。

通常，源于典故或源语国家的政治、经济、文化领域大事的词句难以在译语中找到对应语，翻译时也往往采用意译，译出其隐含意义。如"天有不测风云"是我国五代吕蒙正《破窑赋》中的一句，比喻有些灾祸的发生事先是无法预料的。由于西方文化中单词wind和cloud并没有这种含义，所以，翻译时不能保留"天"和"风云"的字面意义和形象意义，而是译出句子的隐含意义"Something unexpected may happen anytime."再如，出自荷马史诗《伊利亚特》的英语典故"Achilles' heel",若直译为"阿喀琉斯的脚后跟",不了解希腊神话故事的中国读者会很难理解,应译出其隐含意义"致命伤,唯一弱点"。同样,英文"meet one's Waterloo"常意译为汉语成语"一败涂地"。

中英文中均有些成语或习惯用法的字面意义相同或相近,隐含意义或褒贬意义却大相径庭,直译可能造成语用失误,使译文读者不能真正理解其含义,故不可随意互译。另外,有些语句既可采用直译,也可意译,同一文本可以衍生出多种不同译法的译文。译者必须根据原文作者所刻画的人物形象和写作风格来选择恰当的译文,词句的选择和安排均应以能否较圆满地再现人物形象和原作风格为标准。

总之,直译与意译各有所长,无论是直译还是意译,均应首先忠实于原文内容。如果忽略内容,只忠实于原文的形式,就是硬译、死译;如果背弃原文内容,只凭主观臆想,仅仅依据语言的表层意义,片面追求通顺的译文形式,随意编造句子,则非意译或活译,而是滥译和乱译。真正的意译是在正确理解原文内容的基础上,灵活运用适宜的翻译技巧,适当调整原文结构,用恰当、规范的译语形式表达源语;而成功的翻译则是无论采取何种翻译方法,即使改变语言形式,也能确保其隐含意义的准确传达。

刘重德在他的专著《文学翻译十讲》中给意译下的定义为:

What is free translation? It may be defined as a supplementary means to mainly convey the meaning and spirit of the original without trying to reproduce the sentence patterns or figures of speech.And it is adopted only when it is really impossible for translators to do literal translation.(自由翻译是什么?它可以被定义为一种辅助手段,主要用于传达原文的意义和精神,而不必尝试复制原文的句子结构或修辞手法。只有当译者确实无法进行直译时,才会采用自由翻译。)

由此可见,意译是指译者为了完整而准确地把意思表达出来,不拘泥于原文的语言形式,按译入语的习惯重新遣词造句。意译重在表达其内容,是不同于乱译的重要翻译方法之一。当按照原文字面意思进行翻译译不通，译语读者也不能理解，且不能有效地表达原文深层意蕴时，就应通过原文的字面意思，打破原文的语言形式，采用意译法来翻译。例如，a shot-gun wedding（因女方怀孕而不得不举办的婚礼、奉子成婚）、chew the fat（闲谈）、a fat chance（渺茫的机会）、dead shot（神枪手）等。

下面再看一些用意译法翻译的例句。

例 1：In the age of information, we are open books.

原译：在信息时代，我们都是公开的书本。

分析：原译采用直译的方法来翻译，译文让人不知所云。该句应意译。

改译：在信息时代，我们每个人都没有什么秘密可言。

例 2：They broke the mould when they made you.

译文：世上没有相同的人。（千人千面）

分析：该句子如果直译为"他们造出你后便将模子打碎了"，会让人难以理解，莫名其妙。因此，要用意译法将其内涵翻译出来。

例 3：Do you see any green in my eye?

译文：你以为我是幼稚好欺骗的吗？

分析：这个句子如按原文直译为"你能从我的眼睛里看到绿颜色吗？"会令读者不知所云，所以应采取意译。

例 4：Insecurity and unemployment, the "rat race" of American life place heavy strains on marriage and the family.

译文：失业和缺乏保障，美国生活的"激烈竞争"给婚姻和家庭带来沉重的压力。

分析：这句话中的"rat race"不能直译为"耗子赛跑"，应用意译法翻译。

例 5：Life is a hereditary disease with a 100% fatal prognosis, but that doesn't mean we should not take reasonable strides to avoid death when we can.

分析：如果将"a hereditary disease with a 100 % fatal prognosis"直译为"一种具有百分之百致命预后的遗传性疾病"，译文就令人费解。所以，此部分要意译。

译文：人类最终都会走向死亡，这是人类遗传所致，但这并不意味着我们不应该在可以避免死亡发生的时候采取合理的措施来阻止死亡发生。

例 6：The conversation around Google's search ad business on the desktop remains strong, but Google begins to look less like a one-trick pony as Chrome and Android open up more mobile ad opportunities for Google.

译文：围绕谷歌的桌面搜索广告业务，各方面的议论依然很强烈，不过，随着 Chrome 和 Android 在手机领域为谷歌带来越来越多的广告机会，谷歌看上去不再像以前那样"一招鲜，吃遍天"了。

分析：原文中的"a one-trick pony"原指"只会一招的小马驹"，此处指谷歌只对搜索引擎领域在行。这里用意译法译成"一招鲜，吃遍天"，非常生动、形象，而且中国读者容易理解。

值得注意的是，当译文的形式和原文的形式不一致的时候，就存在直译或意译的程度问题，即直译可以有程度不同的直译，意译也可以有程度不同的意译。

例 7：He had about as much chance of getting a job as of being chosen mayor of Chicago.

译文 1：他找到工作的机会和当选芝加哥市长的机会几乎差不多。（直译的程度最大）

译文 2：他要找到工作简直跟要当选芝加哥市长同样困难。（直译的程度减少，意译的程度增加）

译文3：他找到工作的机会简直微乎其微。（意译的程度最大）

例8：We are here today and gone tomorrow.

译文1：我们今天在这里，明天就到别处去了。（直译程度最大，只翻译出字面意思）

译文2：今日在世，明日辞世。（直译的程度减少，意译的程度增加）

译文3：人生如朝露。（意译的程度最大，将真正的意思译出）

（三）直译与意译兼用

直译和意译作为实际翻译中具体用到的两种方法，是可以并存的。直译和意译都有其限度，超出了限度，直译就会变成令人不解或不可一读的死译或硬译，意译就会变成随意发挥或随意伸缩的胡译、乱译，根本不可能产生完美的译文。任何一篇译文中，总是既有直译又有意译。所以，这两种方法灵活、得体的运用关系到译文忠实、通顺的程度。

下面这篇报道的译文运用直译与意译相结合的方法，选词颇具匠心，行文流畅生动，传达了原文的隐含之意与弦外之音。

例1："Yes, Diana is charming,and at 24, she has become stunningly selfassured, but she will not be sharing palace confidences with her dinner companions nor making anything but the politest prattle...Charles and Diana are world-class illusionists, modern masters of the deflective gesture, hinting at intimacy while keeping their distance."

译文："戴安娜确实很迷人，年仅二十四岁的她已具有惊人的自信。然而戴安娜可不会贸然对与她同席的人谈论王室内幕，除了客气的闲谈，她什么都不说……查尔斯和戴安娜就像一对世界级的魔术大师，或者说擅长虚晃一招的现代大师，他们暗示彼此关系亲密，同时却又保持着一定的距离。"

再请看下面的直译和意译兼用的例句：

例2：While it seems to be painting the lily, I should like to add somewhat to Mr. Alistair Cooke's article.

译文：我想给阿利斯太尔·库克先生的杰作稍加几笔，尽管这也许是为百合花上色，画蛇添足，多此一举。

这句话先用直译法将"百合花"这个生动的形象词译出，然后再用意译法将其内涵"画蛇添足，多此一举"译出。

例3：…Blessed by year round good weather, Spain is a magnet for sun-worshippers and holiday makers…

译文：西班牙蒙上帝保佑，一年四季气候宜人，宛如一块磁铁，吸引着酷爱阳光和度假的人们……

分析：该句的译文将直译与意译相结合，既将形象词"磁铁"译出，又将它的真正含义"吸引"表达了出来。

例4：Folks have been tending to the chores of spring for generations, knowing full well that they really can't depend upon the hand that nature will deal them.

译文：人们世世代代都忙于春天该做的日常琐事。同时，人们十分清楚一点：大自然会给他们发什么牌，给他们什么运气，那是无法预料的。

分析：原文中的"deal"指"发牌"，"hand"指"发给的牌"。译文将直译与意译相结合，既译出"发什么牌"，又将其所指的意思"所给的运气"意译了出来。

例5：John is a bull in a china shop.

意译：约翰是个好闯祸的人。

直译与意译兼用：约翰就像闯进瓷器店的公牛，动不动就闯祸。

分析："a bull in a china shop"的意思是"莽撞闯祸的人"。该句如果只用意译的方法，难以将其比喻形象译出，用直译与意译兼用的方法来翻译既生动形象，又将意思表达了出来。

例 6：In youth, we clothe ourselves with rainbows, and go as brave as the zodiac.

译文：青春年华的我们，能把彩虹做衣，敢上九天揽月。

分析：该句的译文既用上了直译，也用上了意译。前部分"clothe ourselves with rainbows"直接译为"把彩虹做衣"，但后部分不如前部分意思简单明确。"zodiac"意为天文学中所指的黄道带，故采取意译的方法译为"九天揽月"，符合译入语语言文化习惯，便于译语读者理解。

还有一些英语句子既可用直译，又可用意译，译者可根据语境或自己的要求来选择。

例 7：Every life has its roses and thorns.

直译：人生的道路既铺满鲜花，又充满荆棘。

意译：人生总是有苦有乐，甘苦参半。

例 8：Actions speak louder than words.

直译：行动比语言更响亮。

意译：事实胜于雄辩。

例 9：The best answer is to roll up your sleeves and do the job yourself.

直译：最好的办法是卷起袖子自己干。

意译：求人不如求自己。

例 10：He had one foot in the grave.

直译：他的一只脚踏进了坟墓。

意译：他已经是风烛残年。

例 11：A brewer's wife may drink of a tun.

直译：酿酒人的妻子不愁酒喝。

意译：近水楼台先得月。

例 12：Those who live in glass houses should not throw stones.

直译：住在玻璃屋里就不要扔石头。

意译：正人先正己。每个人都有短处，不要揭别人的短处。

以上例句分析说明直译法与意译法作为英汉翻译中最基本的两种方法，是相互协调、相互渗透的，它们各有不同的功用，两者既有明显的区别，又相互补充，既各有其长处，又各有一定的局限性，它们并没有绝对的优劣之分。直译法一方面有助于保留原著的风格，保持"异国情调"，另一方面又有助于不断从外国引进一些新鲜、生动的词语及句法结构和表达方式，使我国语言日益丰富、完善、精密。但是当原文不宜采用直译法处理时，就应采用意译法，按照原文表达思想内涵，而不是按照原文的结构和形式表达出来。在翻译过程中，直译和意译是相互依存、密切联系的。因此，译者要在翻译过程中积累经验，将直译与意译灵活地运用到翻译实践中去。

二、归化翻译与异化翻译

归化翻译（domesticating translation）和异化翻译（foreignizing translation）是美国学者韦努蒂（Laurence Venuti）在 1995 年出版的专著《译者的隐身——一部翻译史》中首次提出的两个翻译术语。异化以源语或者原文作者为归宿，归化以目的语或者译文读者为归宿。异化法主张保留源语中与目的语相异的要素，并保持原有的"异国情调"；而归化法则倾向于用目的语本身的要素替代源语中那些相异的要素，从而使译文通俗易懂。其实，这一术语提出的更早的源头，可以追溯到 1813 年德国哲学家施莱尔马赫（Friedrich Schleiermacher）

在《论翻译的方法》中提到的两种方法：一是译者不打扰作者，尽可能让读者靠近作者。二是译者尽量不打扰读者，尽可能让作者靠近读者。

近十几年来，应该采用以译语文化为中心的归化翻译还是以源语文化为中心的异化翻译，一直是翻译界争论的一个焦点。异化与归化策略的选择受到众多因素影响，而译者的翻译动机则是关键因素。如果译者的目的是保持源语文化的风格，实现文化的传播与渗透，可采用异化策略；但译者的目的如果是取悦于目的语读者，保持目的语的文化风格，则可采用归化策略。

"以对等理论视角对归化、异化在翻译中的作用进行重新审视，以求得翻译中归化、异化的新应用……归化和异化是处于一种矛盾对立、辩证统一的状态，顾此失彼或是厚此薄彼的做法都不能圆满地完成翻译工作。正如鲁迅先生所说，凡是翻译，必须兼顾着两面，力求其易解和保存原作的风姿。归化、异化做到并用互补在实际翻译中全面权衡，多方考虑，才能使译文有较高水平与深刻内涵，才能实现真正的文化交流。"[①] 所以，在具体的翻译实践中，我们应在不妨碍译文读者理解的前提下，辩证、合理地运用归化和异化，使二者互为补充。

（一）异化翻译

异化翻译以源语文化为归宿点，提倡译文应尽量去适应源语的文化及原作者的表达习惯，即要求译者在向作者靠拢时着眼于民族文化的差异性，坚持文化的真实性，旨在保存和反映异域民族特性和语言风格特色，为译文读者保留异国情调，让读者感受不同的民族情感，体会民族文化、语言传统的差异性，有利于文化的交流，丰富译文语言的表现力。

韦努蒂是异化翻译理论的代表人物，他主张用异化翻译表现外国文本在语言和文化上的差异，这样译者就可以从原来支配他们写作的规范中解放出来。在译文中保持外国文本的独特性，不仅有效地传达了源语文本的意义，也忠实

---

① 鲁迅：《鲁迅箴言录》，廖诗忠编，中国文联出版公司1998年版。

地再现了源语的语言特色和文化内涵。从读者的角度，异化的翻译满足了读者阅读外国作品时那种猎奇求异的心理需要。

从文化交流的角度，异化的翻译有利于不同的民族之间加深对彼此的了解与认识。同时，异化的翻译通过彰显各民族在语言和文化上的独特性，试图消除不同语言在文化地位上的不平等，使翻译真正成为不同文化之间的对话与交流。在此基础之上，弱势文化将被更广泛地传播、接受、吸纳，从而由弱变强，有效抵抗强势文化的霸权地位，真正成为世界文化大花园中不可或缺的组成部分。文努迪认为："Translation is a process that involves looking for similarities between languages and cultures particularly similar messages and formal techniques, but it does this only because it is constantly confronting dissimilarities. It can never and should never aim to remove these dissimilarities entirely. A translated text should be the site where a different culture emerges, where a reader gets a glimpse of a cultural other, and resistancy, a translation strategy based on an aesthetic of discontinuity, can best preserve that difference, that otherness, by reminding the reader of the gains and losses in the translation process and the unbridgeable gaps between cultures."[1]

由此可见，翻译永远要面对文化差异，我们不能设法去抹杀这些差异。译文是不同文化出现的地方，异化翻译能保留这种差异，能保持译文对译入语读者的陌生和新奇，给读者一种全新的视野。虽然不同的文化之间存在一定差异，但人类本身就存在着许多共性，正是这种共性，才使不同民族文化之间实现了沟通、交流。随着现代科技的发展，国际、民族间的文化交流越来越广泛，也越来越频繁。异化的翻译丰富了各自语言的语汇，促进了文化的交流与融合，因此翻译中采用异化翻译法能够被人们理解和接受。

---

[1] （美）劳伦斯·文努迪（Lawrence Venuti）：《译者的隐身：一部翻译史》，上海外语教育出版社2004年版。

中西方文化和语言中有许多不谋而合的经典妙句，两者在内容和结构上几乎完全一致，典型地反映了不同文化和语言之间的相通性。如 to be on the thin ice（如履薄冰）、like a bolt from the blue（晴天霹雳）、to strike while the iron is hot（趁热打铁）等。现在我们常见的一些表达也有很多就是用异化法翻译过来的，如 ivory tower（象牙塔）、packed like sardines（拥挤得像罐头里的沙丁鱼）、dink/dinc family（double income and no child，丁克族）、to be armed to the teeth（武装到牙齿）等。

由此可见，异化翻译可以保持源语的语言特色和文化内涵，可以让目的语读者更加了解源语文化的精髓。这也是文化交流的一方面，尤其在文学作品的翻译中，每个译者都应尽量保持源语的文学性和文化特点。

例1：To snatch ripe pleasure before the iron teeth of pain could have time to shut upon her...that was what love counseled.

译文：在苦痛的铁颚还没有叼住你的时候，抢着享受已经成熟的欢乐……这是爱情的忠告。

分析：这是《德伯家的苔丝》里的一句描写陷入爱情中却又摇摆不定的苔丝的心理活动的句子。用异化翻译法不仅保持了源语的语言特色，同时能让读者了解源语生动、形象的习语表达。如果译成"不等痛苦来临，先让自己尽情享受……"，虽然将原句的意思翻译了出来，但原文中的习语"before the iron teeth of pain could have time to shut upon her"并没有得到最好的表达。

例2：I have a dream that one day even the state of Mississippi, a state sweltering with the heat of injustice, sweltering with the heat of oppression, will be transformed into an oasis of freedom and justice.

译文：我梦想有一天，甚至连密西西比州这样一个充斥着不公和压迫且酷热难当的荒漠之洲，也将变成自由和正义的绿洲。

分析：此句译者采用了异化的翻译技巧，保留了原文生动的比喻，如"充斥着不公和压迫且酷热难当的荒漠之洲"和"自由和正义的绿洲"。

例3：It gives me great pleasure to see Chinese children shooting up like bean sprouts, full of vitality and energy.

译文：我非常高兴地看到华裔小孩像豆芽一样冒出来，充满生机和活力。

分析：译文把读者带入异国情景。原文用"像豆芽一样冒出来"形容英国华人社区华裔下一代越来越多这一事实，很传神、很新颖，用异化译法不落俗套。

例4：I still think it's too risky; I think these "lightning marriages" will end up in "lightning divorces".

译文：我还是觉得这样太草率了，闪婚必然将会以闪离收场。

（二）归化翻译

归化翻译以目的语文化为归宿点，把译文读者置于首位，采取目的语读者所习惯的表达方式来传达原文的内容，并用目的语读者熟悉的语言和文化来表达源语的语言和文化，使译文表达的内容和形式在读者对现实世界了解的知识范围之内，使译文更透明、通顺、易懂，为两种语言更有效地交流扫除了语言和文化上的障碍。

对赞成归化翻译的译者而言，翻译作品时应排除语言和文化两方面的障碍，翻译的责任就是消除语言和文化障碍，让目的语读者接受译作。因此，只追求词汇上的对等是不够的，翻译最终的目的还应是通过将深层结构转换成表层结构或翻译"文章内涵"来获得"文化"对等。世界各民族文化之间的确存在许多共性，但由于生活环境、发展历程的差异，各文化之间也存在许多不同，各民族都有其文化个性。民族间的差异及其民族文化的特征决定各民族所使用的语言符号的差异。因此，如果用异化翻译法译出的短语或句子不能被译语读者理解或接受的话，就只能采用归化翻译法来译。

英语中的许多短语、习语可用归化法译成我们所熟悉的表达。如 to grow like mushrooms（雨后春笋）；butterflies in one's stomach（紧张不安）；it rains cats and dogs（大雨滂沱）；once bitten, twice shy（一朝被蛇咬，十年怕井绳）；Talk of the devil, and he will appear（说曹操，曹操到）；to teach a fish how to swim（班门弄斧）等。汉语和英语都有很多谚语、俗语，它们的核心意义是相同的，但喻体形象迥然相异，此时也不妨用归化翻译法改变喻体形象，在目的语中显得既准确又生动，达到良好的交流效果。如爱屋及乌（Love me, love my dog）；留得青山在，不怕没柴烧（Where there is hope, there is life）；笑掉大牙（to laugh off one's head）等。

有时候，在不同的文化、不同的语言中，我们根本无法找到完全对等的词或表达法，这时归化翻译就发挥了其独特的作用来消除文化隔阂，促进文化交流。请看下面的例句。

例1：You seem almost like a coquette, upon my life you do.—They blow hot and cold, just as you do.

译文：你几乎就像一个卖弄风情的女人，说真的，你确实像。——而他们也正像你一样朝三暮四。

分析："blow hot and cold" 是来自《伊索寓言》里的一句话，用来描绘一个人对爱人不忠实、很善变。如果用异化法直接按字面翻译为"吹热吹冷"，译语读者将会难以理解表达的意思。但是如果我们用归化翻译法，用汉语的成语"朝三暮四"来表达的话，那么译语读者就能更好地理解整个句子的意思了。

例2：The same principle often applies in the settlement of lawsuits, a very large percentage of which end in what may be called a drawn game.

译文：同样的原则也常常被用在诉讼裁决中，绝大多数诉讼都以"和气"收场。

分析：本来 "a drawn game" 是"和局"的意思，虽然"和局"在汉语中也有，而这里却用归化法译成"和气",就很具有中国文化的特色,读者更容易理解。

例3:Oysters are only in season in the R months.

原译:牡蛎在 R 月份里才当令。

分析:原译为异化译法,但肯定不会有多少中国读者知道它的意思。"R months"指什么?牡蛎与之又有什么关系?这些英美人都心知肚明。原译将中国人不明白的文化语境通通强加给汉语读者,是一种不负责任的做法。在英语文化里,"R months"指从9月(September)到第二年4月(April)之间的月份,除去它们之后,一年中剩下的就是5、6、7、8月四个最炎热的月份。

改译:夏季牡蛎食不得。

例4:When he blames her for wasting money, he conveniently forgets he regularly loses half his own wage by betting on the wrong horses—it's the pot calling the kettle black, I'd say.

译文:他一面责备她乱花钱,一面却又忘了他自己赌赛马常常赌输钱,把自己的一半薪水都输掉了。——我说这实在是五十步笑一百步。

(三)归化翻译与异化翻译的辩证统一

归化翻译与异化翻译是相辅相成、辩证统一的。采用归化还是异化的翻译方法,并非静态、一成不变的,而应针对相应的源语文本、作者意图、翻译目的及读者要求,灵活运用这两种方法,将二者结合起来,从而实现不同文化之间的成功交流。

1. 语言层面

(1)词汇层面

	归化译法	异化译法
E-mail	电子邮件	伊妹儿
internet	互联网	因特网
bottleneck	卡脖子地段	瓶颈地段
U-shaped	马蹄形的	U形的

以上词汇无论是归化译法还是异化译法都是准确得体的，并且已经为大众接受。

（2）句法层面

例：Farmers worked in their fields with great enthusiasm because they will have a good harvest again this year.

归化译法：农夫们因为看到今年又有好收成，所以他们在田里干得热火朝天。

异化译法：农夫们之所以在田里干得热火朝天，是因为他们看到今年又有好收成。

分析：汉语句法中因果关系句强调先因后果，英语句法中的因果关系句没有先后之分。异化译法中的"之所以……是因为"虽不符合汉语的表达习惯，但也无伤大雅，完全能被汉语吸收，并成为汉语句法的组成部分。

（3）修辞层面

例1：To kill two birds with one stone.

归化译法：一箭双雕。

异化译法：一石二鸟。

例2：There is no smoke without fire.

归化译法：无风不起浪。

异化译法：无火不起烟。

例3：Among the blind the one-eyed man is king.

归化译法：山中无老虎，猴子称霸王。

异化译法：盲人王国，独眼为王。

例4：A rolling stone gathers no moss.

归化译法：流水不腐。

异化译法：滚石不生苔。

以上四例中的归化译法虽然和原文的表层含义有点出入，但其深层含义是等同的，广大读者又能轻易理解。异化译法是按照原文的表层意义进行翻译，虽然读起来让人有生疏之感，但读者不难理解，同时读者对异域文化也有所涉猎。可见，在以上例句中，归化译法与异化译法都能很好地再现原文的内涵与外延。

2. 文化层面

在对文化信息进行翻译处理时，有时无论是归化还是异化都不能尽善尽美，如果把归化与异化结合起来却是柳暗花明又一村，既保留了文化异质，给读者提供了了解异域文化的机会，又使译文通俗易懂。

例1：It is true that the enemy won the battle, but that is a Pyrrhic victory.

归化译法：敌人确实赢得了战斗，但他们的胜利是得不偿失。

异化译法：敌人确实赢得了战斗，但他们的胜利只是皮洛士式的胜利。

综合译法：敌人确实赢得了战斗，但他们的胜利只是皮洛士式的胜利——得不偿失。

分析：皮洛士（Pyrrhic）是古希腊伊庇鲁斯国王，曾率兵至意大利与罗马交战，虽打败罗马军队，但付出惨重代价。因此人们常用"皮洛士式的胜利"来借喻以惨痛代价获取的胜利——得不偿失。

例2：The stork visited the Howard Johnstons yesterday.

归化译法：霍华德·约翰斯顿家昨天添了一个小孩。

异化译法：昨天，鹤鸟来到了霍华德·约翰斯顿家。

综合译法：昨天，传说中能带来小孩的鹤鸟来到了霍华德·约翰斯顿家。

分析：英语神话故事中，传说小孩是由鹤鸟带来的。

例 3：The crafty enemy was ready to launch a new attack while holding out the olive branch.

归化译法：狡猾的敌人，一边表示愿意讲和，一边准备发动新的进攻。

异化译法：狡猾的敌人，一边伸出橄榄枝，一边准备发动新的进攻。

综合译法：狡猾的敌人，一边伸出橄榄枝，表示愿意讲和，一边准备发动新的进攻。

分析：此例中，"olive branch"字面意义上指橄榄枝，在《圣经》故事中它是大地复苏的标志，在西方文化中是和平的象征。综合译法将异化和归化相结合，形神兼备，让目的语读者更容易接受和了解源语所负载的宗教文化信息。

以上三例中的归化译法虽然把原文的意义再现出来了，读者能轻易读懂，但以牺牲源语文化中的文化异质为代价；异化译法虽然再现了源语文化的文化异质，但不懂这些文化的读者就很难理解。因此，无论采用哪一种策略都不妥当，但如果把归化译法与异化译法结合起来进行翻译，则完全能解决这一矛盾。这样既保住了源语文化中的文化异质，有利于促进文化传播与融合，又增加了译文的可读性。

三、语义翻译与交际翻译

各国文化渊源不同，文化背景不同，由此而造成的交流障碍远远超出了由于语言不同而带来的困难。要想准确传达语言所负载的信息，就必须透彻地了解文化。许多翻译工作者和翻译理论家正在或已经致力于研究有建设性的、不同于以往的理论，以便帮助翻译者在翻译实践中不断跨越由文化误读带来的语际交流鸿沟。在这一研究领域，彼得·纽马克创立了交际/语义翻译理论，他的这一理论提供了全新的翻译实践和翻译研究视角。语义翻译（semantic translation）与交际翻译（communicative translation）是彼得·纽马克（Peter Newmark）在1981年出版的专著《翻译问题探讨》（*Approaches to Translation*）中提出的。纽马克继承了前人的研究成果，并结合理论思考予以创造性的发挥，从不同角度对翻译类别、原则及翻译方法和技巧从理论的高度做了系统的阐述。纽马克认为对于是否忠于原文，是强调源语还是重视译语的问题是横在翻译理论和翻译实践之间不可逾越的鸿沟。纽马克提出要想解决其中的矛盾，办法之一就是不要再继续强调"等效"这个不可能实现的翻译效果，转而把"语义翻译"或者"交际翻译"作为指导翻译实践的规则。纽马克最重要的贡献就在于他提出了"语义翻译"和"交际翻译"的新概念，令人耳目一新，开拓了翻译理论研究的新途径。

（一）语义翻译

语义翻译，就是在译语语义和句法结构允许的前提下，尽可能准确地再现原文上下文意义。

语义翻译要求译文以原文的词汇和句法结构为中心，译者不仅不容许对原文进行修饰和修正，而且必须尽可能以词、短语和分句作为基本翻译单位。换言之，译文要接近原文的形式，在结构和词序安排上力求贴近原文。

语义翻译重视的是原文的形式和原作者的原意，而不是目的语语境及其表达方式，更不是要把译文变为目的语文化情境之物。因此，语义翻译仍在源语文化内，强调的是原文信息的传递，能帮助读者了解原文的内涵和意义。

（二）交际翻译

交际翻译是指译作对译文读者产生的效果应尽量等同于原作对原文读者产生的效果。

交际翻译注重接受者的理解和反应，即信息传递的效果，也就是说注重功能的传达，它要求译者重新组织语言结构，以使译文地道、流畅。

交际翻译的核心是译语读者，他们在阅读译文时，不希望遇到任何困难或模糊不清的现象，而是希望将异国风味充分地转译到自己的文化和语言中。翻译是一种交际过程，译者要尽可能地将源语文化转换成目的语文化。译者在把一种文本移植到另一种文化中去时，要力求使目的语读者理解源语作者的思想世界，使目的语读者和源语作者享有共同的思想意识内涵。

交际翻译的重点是根据目的语的语言、文化和语用方式传递信息，使译文不论在内容上还是在语言形式上都能为读者所接受，而不是尽量忠实地复制原文的文字。因此，译者在交际翻译中有较大的自由度去解释原文、调整文体、排除歧义，甚至是修正原作者的错误。

（三）语义翻译和交际翻译的区别与联系

语义翻译与交际翻译的一个最基本的区别，就是二者强调的重点不同。语义翻译追求信息发出者的思想过程，把表达内容限制在原文文化范围内，不改变原文中富有民族文化色彩的概念，力求保留原作者的语言特色和独特的表达方式，试图再现原文的美学价值，因此在结构和词序安排上更接近原文。交际翻译则强调信息的"效力"，而不是信息的内容；交际翻译的关注点是目的语读者，尽量为这些读者排除阅读或交际上的困难与障碍，使交际顺利进行。因此，交际翻译会把原文中富有民族文化色彩的概念转化为符合目的语语言和文化的表达方式，使译文更合乎译语规范。总之，交际翻译不拘泥于源语文化背景，而语义翻译是以源语文化为基础的；交际翻译是功能性的，语义翻译是表达性的；交际翻译是主观性的、直观的，语义翻译是客观性的、认知性的；交际翻译重效果而轻内容，语义翻译重内容而不重效果；交际翻译是以译语读者为中心的，它注重文本语境意义的传达，语义翻译则是以源语文本为中心的，侧重文本意义的传达。

交际翻译和语义翻译虽有区别，但两者并不是互相排斥的。交际翻译和语义翻译之间往往有重合，是翻译活动这一连续体中不可割舍的两种翻译手段。

在译者对原文信息进行解读的过程中，如果原文信息带有普遍性，不带文化特性，信息内容的重要性与表达信息的方式和手段同等重要，而译文读者的知识水平和兴趣又与原文读者相当，就可以同时采用"语义翻译"和"交际翻译"，因为这样可以同时照顾到原文作者和译文作者，如翻译重要的宗教、哲学、艺术、科学文本时，交际翻译和语义翻译常同时使用。在翻译中往往会出现这种情况：同一篇作品有的部分须采取语义翻译，有的部分则需采用交际翻译，二者互为补充、相辅相成。因此，对一个文本的翻译，没有纯粹的语义翻译或绝对的交际翻译，只有几种翻译方法的相互重叠。只有灵活运用翻译方法，才能在翻译实践中游刃有余，译出高水平的作品。

（四）语义翻译与交际翻译在实际中的运用

在日常翻译工作中，许多译者都倾向于采用交际翻译法，这些文本包括新闻报道、科技文献、公文信函、宣传资料、广告、公共场所的通知标语、通俗小说等。在某些具体的文本中，有些生动活泼、新颖的比喻，适用语义翻译法；相反，一些约定俗成的交际用语、已经众所周知的比喻则适用交际翻译法。

例1：Wet Paint!

译文1：湿油漆！

译文2：油漆未干，请勿触摸！

分析：译文1为语义翻译，传达了信息内容，但效果显然未译出。译文2为交际翻译，译文传达出了原文的内容意义和语用意义，传递了此告示的功能，达到了语用等效。

例2：Savage dog!

译文1：疯狗！

译文2：小心被狗咬！

分析：译文2为交际翻译，起到了真正的警示作用。

例3：DO NOT ENTER.

译文1：不要进入。

译文2：单行道，勿逆行。

分析：这是一块立在美国市内街道由北向南行驶的单行道南口的路牌，意思是指汽车不能由南向北行驶进入这条道。如用语义翻译的方法按字面意思直译，效果显然不好，还可能造成一些误会和麻烦。如果为了读者考虑，根据语境对原文进行修正，用交际翻译的方法译成"单行道，勿逆行"，其内含意义则得到充分体现。

例4：In case of fire, use stairs. Don't use the elevator.

译文1：如遇火灾，请用楼梯，勿用电梯。

译文2：如遇火灾，请走楼梯，勿乘电梯。

分析：译文1为语义翻译，该译文没有注意语言之间存在的差异。译文2为交际翻译，该译文具有较强的号召力和鼓动力，使人更易于接受。

例5：When East Meets West.

译文：入乡随俗的洋快餐。

分析：这是一篇关于外商在中国经营饮食业的文章的标题。若是按语义翻译的话应译为"当东西方相遇"，但这样的翻译只是忠实地将字面意思译出，读者从这样的标题中获取不了任何信息，不知所云。所以，为达到交际的目的，使译文读者获得与原文读者相同的感受，此处采用交际翻译，翻译为"入乡随俗的洋快餐"，使读者一看就明白文章将要讲什么。

例6：We've hidden a garden full of vegetables where you'd never expect, in a pie.

译文1：在这意想不到的小小馅饼里，我们为您准备了满园的蔬果。

译文2：满园蔬果馅饼里藏，让你惊喜让你尝。

分析：原文是一则英语广告，从译文可以看出，译文2的交际翻译更能突出语言传达信息、宣传产品、产生效果的作用。

例7：金玉满堂（中国菜名）

译文1：Hall Full of Gold and Jades

译文2：Shrimp and Egg Soup

分析："金玉满堂"其实就是虾仁鸡蛋汤，可如果照菜名字面意思用语义翻译来译，既不能传达出这道菜的用料、加工方法等信息，也没有传达出其文化含义，而且会让外国客人感到很迷惑。如用交际翻译译成"Shrimp and Egg Soup"，译语读者就很容易理解了。

例8：红烧狮子头（中国菜名）

译文1：Lion Head Braised in Brown Sauce（语义翻译）

译文2：Stewed Pork Ball in Casserole（交际翻译）

从以上例句可以看出，语义翻译是在原文的基础上将基本的意思表达出来，而交际翻译面向的是社会大众，重在客观信息的传播及读者在获得信息后所做的反应或采取的行动。交际翻译是通过结合语境，以交际为目的，通过调整形式或结构，以最准确及符合目的语的译文来更好地传达原文的意思，而且更加生动，加强了语气。

所以由此看来，相对语义翻译，交际翻译更准确、更容易被接受。但我们不能说用语义翻译法译出的译文就一定比用交际翻译法译出的译文差。在翻译中，有时为了反映出原文的独特韵味，保持异国情调，保留作者的个人风格，保持原文的生动形象，补充或丰富汉语词汇，使译文新鲜有力，用语义翻译的方法则优于交际翻译的方法，这样，原文的语言和文化差异就能得到保留。如 lame duck（跛鸭，即将卸任而未重新当选的官员）、a stick-and-carrot policy（大棒加胡萝卜政策，指"武力恫吓和物资引诱相结合的政策"）等。

因此，译者要学会灵活地运用这两种翻译方法。译者必须把各种文化因素考虑在内，纽马克指出，译者应考虑读者的接受能力会受到其知识水平和兴趣爱好的限制。同时，他认为翻译不应只考虑读者的需求。

第二节　英语翻译的常用技巧

翻译是沟通两种语言的桥梁。通过这一桥梁，将原文所表达的思想内容用译文语言形式进行传达，这就需要同时和两种语言打交道。通过英汉语言的对比，明确两种语言表示同一意义的方法和异同，并在此基础上找出同一文本中存在不同之处的最典型的方法，这就是翻译技巧。

翻译技巧是人们在翻译实践中总结出来的一些行之有效的具体手法。恰当使用翻译技巧可以使译文忠实、顺畅地再现原作内容，更加符合译文语言的表达习惯。人们已总结出不少翻译技巧，对于常用的翻译技巧也已经做了大量的论述和讲解。英汉翻译中常用的技巧有遣词法（diction）、换译法（conversion）、增译法（amplification）、重译法（repetition）、省译法（omission）、反译法（negation）、分译法（division）、倒译法（inversion）等。

一、遣词法

遣词法就是在翻译过程中进行遣词用字、精选词语、准确表达，真实再现原文意义和风格。

英汉两种语言在词汇语义含量、词义对应关系、词汇搭配用法及词义的感情色彩等方面都有很大差异，因而在表达同一思想内容时，常常使用不同的词汇。要想解决这一矛盾，保证译文质量，在正确理解原文意义的基础上，必须考虑译文语言表达该意思用什么词最为恰当，准确选出相应的对等词。理解和选词必须依托一定的上下文语言环境。

例1：Caesar was mighty, bold, royal, and loving.

译文：恺撒是威严勇猛、慷慨仁慈的豪杰。（比较：恺撒是非凡勇猛、威严、仁慈的。）

例2：The facts are more prosaic than the legend.

译文：事实并不如传说那样神乎其神。（比较：事实比传说要平凡些。）

以上两例是译者在传达原作者思想情感方面进行创造性的翻译。译者在深刻理解源语信息的实质及各种附加色彩的基础上，发挥译语的潜在表现力，准确充分地将其传达给译文读者。

例3：The white moon heard it, and she forgot the dawn, and lingered moon in the sky.

译文：明月听见它，居然忘记落下去，却只顾在天空徘徊。

例4：It was strange, but everything seemed to have its double in this invisible wall of clear water. Yes, picture for picture was repeated, and couch for couch.

译文：真奇怪，每样东西在这堵看不见的清水墙上都有一个跟它完全一样的副本。是的，这儿有一幅图像，墙上也有同样的一幅图像，那儿是一张榻，墙上也是一张榻。

例3中，译者并不局限于原文"she forgot the dawn"的表层意义。这里，作者想要表达的并不是说月亮忘记了黎明的到来，而是说月亮本应在黎明到来时落下去，她却因为沉浸在夜莺泣血的鸣唱中忘记落下去了。译文可谓准确地抓住了原作的精神。

例4中的"picture for picture was repeated, and couch for couch"这句话在译文中也被表现得淋漓尽致。译者透过原文的字句用自己的眼睛逼真地看到了原文所创造的艺术世界，所以才能如此生动形象地把它们再现出来。

遣词用字是翻译中一个十分重要的问题，也是翻译的基本功，翻译中的遣词法的运用应遵循下列原则：

（一）根据上下文准确判断词义

遣词的前提是准确把握词义，而词义的把握往往取决于上下文语言环境。请看英语"story"一词在下列诸句中的不同意义及译法。

例1：This war is becoming the most important story of this generation.

译文：这场战争将成为这一代人的最重大事件。

例2：It is quite another story now.

译文：现在的情况完全不同了。

例3：Some reporters who were not included in the session broke the story.

译文：有些没有参加那次会议的记者把内情捅出去了。

例4：The Rita Hayworth story is one of the saddest.

译文：丽泰·海华丝的遭遇算最惨的了。

例5：A young man came to Scothe's office with a story.

译文：一个年轻人来到斯科特的办公室报案。

（二）分清词义的褒贬

人们在使用语言表达思想时，往往带有感情色彩，这种感情色彩表现在词语上大多都有褒贬意义。在翻译中必须把握词的褒贬意义，并且准确无误地将其表达出来。

例1：He is bright and ambitious.

译文：他很聪明，有抱负。

例2：He is so arrogant that no one will keep company with him.

译文：他很狂妄自大，谁也不愿意与他相交。

（三）符合汉语的搭配习惯

遣词用句要符合汉语的构词规律和搭配习惯。

例：to read one's mind.

译文：看出某人的心思。

（四）讲究译文词语熔炼

言之无文，行之不远。在正确选择词义的基础上，要讲究炼词。既要准确恰当，又要精练优美。通过推敲，选用精美的词语，使译文更加传神。

例：We were eager to benefit from your curiosity.

译文：我们殷切希望从你们的探索精神中获益。

二、换译法

换译法，就是在翻译过程中进行词类转换。从语法角度考察，英语一个词能充当句子的成分与汉语相比显得较少，且充当不同成分时常需要改变词类。此外，英汉两种语言的词类使用频率不同。英译汉时，应根据汉语的行文习惯，对词类做必要的转换，使译文通顺流畅。

（一）名词换译成动词

英语中使用名词较多，汉语中使用动词较多，翻译时要常进行词类换译。

例：A study of that letter leaves us in no doubt as to the motives behind it.

译文：研究一下那封信，就使我们毫不怀疑该信是别有用心的。

（二）介词换译成动词

英语习惯大量使用介词，而汉语常用动词表达相应的意义，所以在翻译中常使用换译法把英语的介词换译成汉语的动词。

例：He has an eye for color.

译文：他有辨别颜色的能力。

（三）形容词换译成动词

英语的形容词有时也可换译成汉语的动词。

例：Meanwhile, half-starved and often ill Crane continued to writing.

译文：在此期间，克兰处在半饥饿状态，常常生病，但仍然坚持写作。

（四）副词换译成动词

英语中某些形式上与介词相同的副词，往往也可以换译成汉语的动词。

例1：Let him in.

译文：让他进来吧。

例2：The moon will soon be out.

译文：月亮快出来。

（五）其他情况

其他一些词类，翻译时也可能要进行换译，以增加译文的可读性，这就需要灵活处理。

例：Let me see if it.

译文：让我瞧瞧它是不是合适。（动词换译为形容词）

（六）严格遵循规律，进行词类换译

我们使用换译法时，一方面要掌握译文在使用词性方面的规律，另一方面必须严格遵循这些规律来进行翻译中的词类转换。我们再看下面几例。

例1：Every morning she would go to the lake area for a walk.

译文：每天早上，她都要到湖区散步。（名词换译为动词）

例2：My suggestion is that he should quit smoking at once.

译文：我建议他立刻戒烟。（名词换译为动词）

例3：At noon, she came home for lunch.

译文：中午，她回家吃午饭。（介词换译为行为动词）

例 4：These rustic lassies are good singers.

译文：这些乡下小姑娘唱得很好。（名词换译为动词）

例 5：I am no drinker, nor smoker.

译文：我既不喝酒也不抽烟。（名词换译为动词）

值得一提的是，译文中的词类转换并不是随意进行的，而是遵循着语言中的客观规律，如果我们不遵循这一规律，译文就无法做到通顺或地道。例 2 中把 My suggestion is that he should quit smoking at once 译成"我建议他立刻戒烟"，译文非常地道。如果完全按照原文词类把此句翻译成"我的建议是他必须立刻戒烟"也符合译文的语法，按一般要求也算可以了，但是比起前面的译文来就显得不够地道，在文采上要逊色得多。

（七）译例欣赏

以下译例是巴金译自英国作家奥斯卡·王尔德的童话。王尔德童话集的一大语言特色是文体富有音乐性，节奏感很强。巴金为了使译文能保留这一特点，常常将英文中的介词换译成动词，以此来加强行文的节奏感。他的这一手法是极为有效的。

例 1：There stood the Miller with a lantern in one hand and a big stick in another.

译文：门前站着磨面师，一只手提一个灯笼，另一只手拿一根手杖。

原句只有一个动词"stood"，译者巧妙地把介词"with"换译为动词，使译文中出现了"站着"、"提"和"拿"三个动词。

例 2：When suddenly two little boys in white smocks came running down the bank, with a kettle and some faggots.

译文：忽然有两个穿白色粗外衣的男孩提着水壶抱着柴快跑到岸边。

原文中只有"came"和"run"两个动词,通过运用介词换译为动词的手法,译文中动词就增至"有""穿""提着""抱着""跑"五个,语句的节奏感大大增强。

上述译例都成功地通过介词到动词的转换,把原文本来仅有的一两个动词,在译文中增至 3~5 个,使之读起来有一种起伏的流动感,在语句的节奏感方面几乎可与原文相媲美。①

三、增译法

通过英汉语言的对比,可以发现,英语一些不及物动词本身意义就很完整(宾语常隐含其中),汉译时应根据上下文的需要增译出来,否则意思就不完整。

例 1:I could knit when I was seven.

译文:我 7 岁时就会织毛衣。

英语 knit 是不及物动词单独使用,汉语"织"为他动词,使用时后面应该有宾语,故译为"织毛衣"。

原文中一些隐含在字里行间的意义,因中英文表达方式不同,按字面照译无法说清的意思,均需要通过增词的手段来表达。

例 2:This was his courtship and it lasted all through the summer.

译文:这便是他求爱的表示,他就这样过了一整个夏天。

例 3:I hope the town has made preparations.

译文:我希望城里已经给我预备了住处。

这里译者引申了原文的形象内容,把原文的抽象名词转化为汉语中更为常见的具体的形象,通过增译的手段,译出了原文的言外之意。

---

① 郭著章:《翻译名家研究》,边立红等撰著,湖北教育出版社 1999 年版。

英语中有单、复数的概念，汉语名词没有复数的概念，这是两种语言的一个差异，汉译时有必要增译表复数的词语。

增译法的运用就是通过在译文中增加必要的单词、词组、分句或完整句，从而使得译文在语法、语言形式上符合译文习惯，并且在文化背景及词语联想方面与原文一致，使得译文与原文在内容、形式和精神三方面都能对等，从而忠实、通顺地表达原文内容，而不是增加原文没有的意思。英译汉时增译法一般用于下列情况：①增译原文所省略的词语。②增译必要的连接词语。③通过增译表达原文的复数概念。④用增译法把抽象概念表达清楚（见上面例2和例3）。⑤逻辑性增译。⑥概括性增译。⑦从修辞连贯角度考虑增译。

四、重译法

为了使语言简练，英语经常避免重复，而汉语则不怕重复。英语中经常使用一个动词接几个宾语（或几个表语），相同的动词可省略；或大量使用代词以避免重复名词。面对这些情况，汉语可以采取重复的手法。英汉翻译时就经常采用重译法，处理英汉两种语言表达上的差异。

（一）重译动词共有的宾语

例：We should learn how to analyze and solve problems.

译文：我们应该学会分析问题和解决问题。

（二）重译代词代替的名词

例：Some of the materials which were pushed up the crust from the molten core of the Earth formed water. Others formed the gases of the atmosphere. The water evaporated to form clouds. These rose into the sky to form rain.

译文：某些物质从熔化的地心被推到地壳，形成了水，另一些物质形成了大气层中的气体。水蒸发后形成了云。云升入高空形成雨。

（三）重译动词

重译动词分以下两类情况。

（1）英语句子常用一个动词支配几个宾语，在翻译时往往要重译这个动词。

例1：They were starting from scratch and needed men, gun, and training.

译文：他们是白手起家的，他们需要人员，需要枪支，需要训练。

（2）英语句子中如果动词相同，则不重复动词，只重复介词（或只变换介词），但在译文中通常要重译动词。

例2：The snow falls on every tree and field, and no crevice is forgotten; by the river and pond, on the hill and in the valley.

译文：雪花洒落在树上，洒落在田野里，洒落在河边、湖畔，洒落在山峦和山谷中。大雪纷纷飞，连小小的岩缝中都飘进了雪花。

（四）修辞性重译

有时为了使译文语言生动活泼，使语势得到加强，英汉翻译时可以采用重译法。汉语中词的重叠和四字对偶等均是借助重复这一修辞手段，这是汉语的一大优势，恰当地利用可使译文增色。

例1：The news is quite true.

译文：这消息是千真万确的。（比较：这消息十分正确。）

例2：He is a fool.

译文：他是个愚昧无知的人。（比较：他是个愚蠢的人。）

例3：Our friendship will last generation after generation.

译文：我们将世世代代友好下去。（比较：我们将世代友好下去。）

重译法基本上属于增译法，因为在大多数情况下，重复就是增词，只是增加的词是上文刚刚出现的某个关键词的重复。使用重译法的目的主要有三个：一是使意义明确，二是使译文生动活泼，三是加强语势。

例4：Ignorance is the mother of fear and of admiration.

译文：无知是恐惧的根源，也是钦佩的根源。

例5：Avoid us in this computer in extreme cold, heat, dust or humidity.

译文：不要在过冷、过热、灰尘过重、湿度过大的情况下使用此电脑。

例6：I had experienced oxygen and / or engine trouble.

译文：我曾经遇到的情况，不是氧气设备出故障，就是引擎出故障，或两者都出故障。

五、省译法

英汉两种语言在表达方式上有所不同，翻译时为了符合汉语习惯，在不损害原意的情况下常常可以省译一些可有可无或不符合汉语句法的词语，目的是使译文更加通顺，意思更为清楚，更忠实于原文。

（一）冠词、代词、介词、连词的省译

英语中有冠词，汉语没有这一词类，英语的代词、介词用得也远比汉语多。上述词类汉译时往往可以省略不译，省译后意思并不含混，反而更为简练明白。

例1：They praised the boy for his bravery.

译文：他们称赞这小孩勇敢。（省译介词）

例2：If winter comes, can spring be far?

译文：冬天来了，春天还会远吗？（省译连词）

（二）系动词的省译

英汉语在谓语成分上的一个明显差异是：英语的句子不能缺少动词，即使是交代或说明人物或事物的性质或情况，也要用一个系动词，汉语的谓语不一定非有动词不可，其谓语也可以是形容词、数量结构、方位结构或名词等。因此，在翻译中，英语的系动词一般可以省译。

例1：He was smooth, and agreeable to meet.

译文：他待人处事，八面玲珑。

例2：The room was warm and comfortably American.

译文：屋内暖融融，美国式的布置十分舒适。

（三）修辞性省译

删去一些繁复的词语，避免由于啰唆而引起的意义不清楚，以求译文简练、层次分明。

例1：There was no snow, the leaves were gone from the trees, the grass was dead.

译文：天未下雪，但叶落草枯。

省译后，译文简单明了，若不省译，意义反而不大清楚。

例2：Then the snow came and after the snow came the frost.

译文：随后雪来了，严寒也到了。

例3：And he took the cloak and the amber chain from the close where they lay, and showed them to her.

译文：他从柜子里拿出斗篷和琥珀项链来，给她看。

译者根据汉语的语言习惯，省译了部分词语，以免译文给人啰唆累赘的感觉。通过把原文形式上表现出来的一部分融入内容中，译文显得更为简洁、清楚，却丝毫没有损害原文的意义和艺术内容。

例4：He is not well today, but he still comes to class.

译文：他今天身体不好，但（他）还是来上课了。

例5：The sun is bright, and the sky is clear.

译文：阳光灿烂，晴空万里。

在翻译过程中，许多在原文中必不可少的词语，若是原原本本地译成汉语，就会成为不必要的冗词,译文会显得十分累赘。省译法在英汉翻译中使用非常广泛,其主要目的是删去一些可有可无、不符合译文习惯表达法的词语。英译汉常见的省译情况有:①代词的省译。②冠词的省译。③介词的省译。④连词的省译。⑤动词的省译。⑥非人称代词"it"的省译等。

因语法的需要,如果不省去这些词语,译文就会显得拖泥带水,甚至会出现画蛇添足的结果。从一定意义上来讲,增译法中的规律反过来就是省译法的规律。

六、反译法

使用英汉两种语言的人由于文化背景的不同、思维方式的差异及认识事物的方法有别,经常会出现从不同的侧面看待同一事物的情况。这样,就使得英汉两种语言在表达习惯上有不一致的情况,但均可以从正面或反面表达同一概念。英汉翻译时如果用正面表达有困难,译文欠通顺,则需要改用反面表达,或将反面表达改成正面表达。柯平在《英汉与汉英翻译教程》中称这种情况为"视点转换"。他认为采用这种手段的理由是源语和译语文化之间可能存在认知和思维习惯上的差异。[①]

使用反译法,通常是在译文中,将原文有些肯定或正面表达的说法译为否定或反面的说法,或将原文中一些否定或从反面表达的说法改为肯定或正面的说法。这种变换绝对不是改变原文意义,而是在保存原作意思的前提下,使译文更加符合译语的表达习惯,符合行文的需要或修辞的需要。

七、分译法

分译法源于英汉语法结构的差异。一般来说,英语长句、复杂句较多,而汉语句子一般比较短,且句式结构不如英语那么复杂。为了符合汉语表达习惯,

---

① 柯平:《英汉与汉英翻译教程》,北京大学出版社1991年版。

翻译时，经常把一些词语、从句或句子拆开来分译。

例1：Energy can neither be created nor destroyed, a universally accepted law.

译文：能量既不能被创造也不能被消灭，这是一条普遍公认的规律。

此例为名词短语分译成一个句子。

有时甚至把整个句子拆开来进行分译，请看下面的译例。

例2：It was a real challenge that those who had learned from us now excelled us.

译文：过去向我们学习的人，现在反而超过了我们。这对我们确实是一个鞭策。

例3：Do you share the view that too many people are talking too much about China?

译文：现在谈中国问题的人太多了，说中国问题的话也太多了，你同意这种看法吗？

（一）句子分译

句子分译是分译法的主要内容。下面简要叙述句子分译时常见的情况。

（1）一个长句包含作者的多步逻辑推理，英汉翻译时，可用分译法。

（2）当修饰主语的成分，特别是非限制性定语从句太长时，要使用分译法。

（3）宾语修饰成分太长时需要分译。

（4）当状语太长而硬译成一句则读起来不通顺，或不容易理解时，应该分译。

（5）一个长句的从句实际上起着过渡或承上启下的作用，也就是说这个从句可以帮助长句的前一部分向后一部分过渡，这时要分译出来。

（6）含定语从句的句子，除少数情况之外，这类句子都是长句。在英汉互译时，特别是在英译汉中，如能将定语从句译成前置定语，则尽量避免其他译法；如译成前置定语不合适，则按其他方法翻译，一般是分译成另外一个独立的句子或另一种从句，如状语从句等。

（二）单词分译

分译法作为一种翻译技巧，它除了指句子分译，还指单词分译。单词分译包括某些词语意义的分译、单词搭配的分译、灵活对等分译、修辞性词语分译等。

（1）单词语义分译：英语中有些单词的语义呈综合型，即一个词内集合了几个语义成分。译成汉语时，不易找到合适的对等词，很难将其词义一下全部表达出来。这种情况，汉译时可采用分析型，即"扩展"型的方法分译源语，将其语义成分分布到几个不同的词语上。

例1：That little pink-faced chit Amelia with not half any sense, has ten thousand pounds and an establishment secure...

译文：爱米丽亚那粉红脸儿的小不点儿，还没有我一半懂事，倒有一万镑财产，住宅家具奴仆一应俱全。

此例中的主语很长，由中心词"chit Amelia"前的一个形容词短语和其后的一个介词短语构成，在汉语中，很难找到这样一个较长的主语与之对应。因此，汉译时，只好将其拆分为两个分句，语义也随之分为"小不点儿"和"懂事"这两个重心。

（2）单词搭配分译：英语中有些词语间的搭配关系颇有特点，汉译时要打破原文的结构，按照汉语习惯，将有关词语分别译出。

例2：She had such a kindly, smiling, tender, gentle, generous heart of her own...

译文：她心地厚道，性格温柔可人，器量又大，为人又乐观……

此例中，"heart"一词被分译成"心地""性格""器量""为人"四个词，再与它后面的四个形容词搭配。

（3）灵活对等分译：英语中有些单词，如按其在句中的位置机械地译成汉

· 92 ·

语，容易造成意义不够明确。遇到这类情况，应采用灵活对等分译，不拘泥于形式对应，尽量使译文读者对译文的反应等同于原文读者对原文的反应。

例3：Thus it was that our little romantic friend formed visions of the future for herself...

译文：我们的小朋友一脑袋幻想，憧憬着美丽的将来……

此例中，如果逐字译成"我们的浪漫的小朋友憧憬着未来……"，并不能算错，但意思却不甚明了，因为"浪漫"一词在汉语中的含义较多。此处为"想入非非"，所以译成"一脑袋幻想"较为明确，既突出了人物性格，又避免了翻译腔。

（4）修辞性词语分译：有时将单词分译只是为了获取某种修辞效果。

例4：And in their further disputes she always returned to this point, "Get me a situation—we hate each other, and I am ready to go".

译文：从此以后她们每拌一次嘴，她就回到老题目，说道："给我找个事情，反正咱们你恨我我嫌你，我愿意走。"

一个 hate 分译成"恨"与"嫌"两个字，使得译文生动，读者似乎如见其人、如闻其声。

八、倒译法

倒译法就是翻译时进行词序调整，是指译文与原文相比，词序发生了变化。根据前面英汉思维方式的比较，我们知道中国人思维上整体优先，从整体到部分的思维方法反映到语言上，就是在时间和空间概念上从大到小的排列顺序。而英美人则恰恰相反，英美人思考问题的程序是从小到大。这里就包含着两种文化和思维方式的差异，这是英美两国在各自文化氛围中形成的具有各自特色的考虑问题和认识事物的习惯方式和方法。

英美人写信时地址顺序是收信人—住宅门牌号—街道名—城镇名—省名—国名，而中国人的顺序恰恰与之相反。时间顺序的表达也是如此。

此外，英汉两种语言的句子中，词序或语序往往不尽相同，分句顺序有时也有差异，英汉翻译时，应根据汉语的表达习惯做一些必要的词序调整。

例1：The mail came at 2:30am on September12, 2000.

译文：邮件于2000年9月12日凌晨2点30分送到。

例2：His address is 3612 Market Street, Philadelphia, PA19104, U.S.A.

译文：他的地址是美国宾夕法尼亚州费城市场街3612号，邮政编码19104。

例3：Don't hesitate to come when you need help.

译文：你什么时候需要帮助，只管来找我。

例4：Never have we seen so bright a future before us!

译文：我们从来都没有见过这样光明的前途。

英语和汉语在语法结构上有着许多差别。在翻译过程中，对原文的词序照抄照搬，丝毫不考虑译文的习惯，这样的机械性翻译，定会显得滑稽可笑，译文根本无通顺可言。翻译时根据译文的语言习惯，运用倒译法对原文的词序进行调整，使译文做到最大限度的通顺。

上述4个译例均采用了倒译法，词序都做了颠倒性的调整，这样的译文更符合汉语表达习惯。再看几个例子。

Rain or shine 无论晴雨

Inconsistency of deeds with words 言行不一

Quick of eye and deft of hand 手疾眼快

Back and forth, to and fro 前前后后，来来去去

Every means possible 一切可能的手段

Tough-minded 意志坚定的

heart-warming 暖人心的

East China 华东

North south, east and west 东西南北

第四章 英汉翻译的语言文化传播

第一节 英语汉译的理论与技巧

一、英语翻译为汉语的理论

英语翻译为汉语是翻译中的一种。翻译是一种语言活动，而人们进行语言活动的目的是进行思想交流。同时翻译也是一种文化的传播。著名学者奈达将翻译定义为："翻译是指用接受语复制源语信息的最近似的自然等值，首先在意义方面，其次在文体方面。"[①] 翻译是一个再创造的过程，而不是创造过程。英语翻译为汉语也要符合这一要求。翻译者要表达原作者的意思，而不是根据自己的意思表达。

由于英语翻译为汉语涉及两种语言，因此翻译者对源语的掌握和理解程度与对译入语的驾驭能力将决定翻译的质量。理解和表达是英汉翻译活动的两个重要环节，在任何一环节上出问题都将影响翻译的质量。我们必须掌握好英语的特点，同时又要兼顾汉语的特征。我国翻译界曾提出过不少标准，但严复提出的"信、达、雅"受到普遍的认可。信，指的是不违背原文；达，指的是不拘于原文形式；雅，指的是重视翻译文字的润饰。实际上，严复认为最重要是翻译忠实原文。在此基础上，做到通顺、流畅、通俗、易懂，而不是把翻译的

---

① （美）尤金 A.奈达（Eugene A.Nida）著，严久生译：《语言文化与翻译》，内蒙古大学出版社1998年版。

东西大加渲染。翻译者要做到这点，就必须做到正确地理解、反复地推敲、准确地表达、认真地审核。

理解是整个翻译活动的开始，也是最关键的一步。翻译者要从各个方面做好对英语原文的分析工作，包括分析原文的语言形式、深层含义、总体风格及语言环境等。在对英语原文有了一个彻底的理解后，翻译者就可以着手用地道的汉语将英语原文的信息准确地表达出来，同时翻译者的审核也必不可少。首先，要对翻译的内容进行认真的审查，包括有无漏译和错译现象，以及字、词、句等语言层面上是否准确表达了原文的信息。其次，要核查译文在总体效果上是否与原文风格一致，若有欠缺，加以改正。最后，对译文进行润色和美化，使翻译效果更上一层楼，发挥锦上添花的作用。除了掌握这些基本的理论，翻译人员还必须掌握一定的翻译技巧。

二、英语翻译为汉语的技巧

1. 词类转换法

在翻译的过程中，经常要用到词类转换法。即原文中某些词的词性在译文中要根据上下文作相应的变化，以便使译文读起来更加顺畅，更加符合译语的表达习惯。因为英语句子动词用得比较少，一个句子通常只有一个谓语动词，而名词，尤其是抽象名词却用得比较多。与此相反，汉语中动词用得比较多，除了动宾结构，还普遍使用连动式和兼语式等结构。因此，英语翻译为汉语时常常需要把名词转换成动词，并对其他成分作相应的调整，同时其他词类之间也需相互转化。

2. 增删法

由于英语和汉语两种语言的用法各有特点，因此在翻译过程中，原文的某些词、短语，甚至句子在译文中需要省去，否则将影响译文的效果。而有时候却相反,译文中需要增加一些原文所没有的词、短语、句子,以使译文在内容上更加忠实于原文,在表达上更加符合译语的习惯。

3. 句式转换法

句式转换法是指由于英语和汉语两种语言各有句式特点,翻译人员在进行翻译时不应完全照搬原文句式,以防翻译过来的句子、文章读起来晦涩难懂,不自然。比如说,英语中多用被动句,而汉语中则更多地强调动作的施动者,即多用主动句;英语句子结构多具"形合"特点,而汉语句子结构更注重"意合"。因此我们在把英语翻译成汉语的时候,要注意使用汉语习惯的句法,从而使翻译过来的文章做到地道、通顺、畅达。

4. 倒置法

在汉语中,定语修饰语和状语修饰语往往位于被修饰语之前,而在英语中许多修饰语常常位于被修饰语之后,因此翻译时往往要把原文的语序颠倒过来。倒置法通常用于英译汉,即对英语长句按照汉语的习惯表达法进行前后调换,按意群进行全部倒置,原则是使汉语译句安排符合现代汉语论理叙事的一般逻辑顺序。

5. 正反表达法

英语和汉语这两种语言思维方式的异同决定了其表达方式各具特点。英语可能从这一角度来思考问题,而汉语则往往着眼于相反的角度。如英语说"Wet Paint",而汉语说"油漆未干";英语说"No Smoking",而汉语说"禁止吸烟"。

6. 长句拆译法

英语句式重"形合"的特点使长句的翻译变得非常有难度。通常一个英语长句中使用许多的连接性词语,引出一个又一个的修饰成分,从而使句子结构变得错综复杂,给翻译带来极大的困难。因此,翻译英语长句时一般采用拆译法。英语句式中"叠床架屋"的情况很常见,但这在汉语中却是行不通的。所以翻译者需要对原文做深入分析，分清主次，为翻译工作顺利进行做好准备。分析主要包括两个方面：一方面是对原文进行语法结构的分析，另一方面是对原文所要表达的意思加以分析。只有做好分析工作，翻译者才能保证自己对原文理解的正确性，否则翻译出来的译语必定会出现差错。长句翻译的另一个重要部分是词语的组织。汉语的句式特点是联结性词语用得少，注重句子与句子之间的内在联系，翻译人员如何选词构句、如何安排译文的语序，都将直接影响到译文的效果。

7. 翻译的变通手法

英语和汉语这两种语言之间的差异决定了翻译活动的复杂性。一般情况下，仅仅依靠某一种或几种翻译方法是很难完成翻译活动的。因此，在翻译过程中，经常需要采取一些必要的、切实可行的变通手法。这些手法包括解释翻译法、借译法、音译法、形译法等。

第二节　英汉翻译的传播学特征

为了对英汉翻译的传播学特征有更好的掌握，我们必须对传播学有一个初步的了解。最基本的问题就是"什么是传播学"。传播学是信息科学的一个分支。现代科学认为物质（材料）、能量和信息是现代社会环境的三大支柱，并把信息看成是人类社会的重要资源，是现代化的重要工具、科学决策的依据、社会进步的关键环节。信息是否发达已关系到一个国家的盛衰强弱。那么，什么是信息呢？关于它的定义有很多，但作者认为，信息论创始人之一，美国科学家维纳在《人有人的用处：控制论与社会》一书中所归纳的具有较高的概括性。维纳这样解释："信息就是我们适应外部世界并把这种适应反作用于外部世界的过程中同外部世界进行交换的内容的名称。"信息按来源与作用又可以分为自然信息、生物信息、社会信息与技术信息。

就传播学而言，我们主要涉及的是社会信息。所谓社会信息，主要是指人类社会系统中的信息流，它包括物质信息，也包括精神信息。社会信息的基本形态是语言，语言形态也可以转换为文字和电磁波等形态。语言、文字、图像等都是交流社会信息的载体。由于信息的重要性日益为人们所认识，信息科学应运而生，而传播学又是信息科学中的一个分支，它研究的对象就是社会信息的传播规律，美国传播学奠基人之一的 D.麦奎尔和 S.温德尔在《大众传播模式论》中指出：传播是个人或团体主要通过符号向其他个人或团体传递信息、观念、态度和情感的过程。这种传播是每时每刻都在进行的普遍现象，它是一个有结构的信息过程。

从传播学的角度讲，所谓传播就是一个系统（信源）通过操纵可选择的符号去影响另一个系统（信宿），这些符号能够通过连接它们的信道得到传播，以达到一种信息的交流和共享。翻译其实是一种信息的传播或交际活动，即是一种跨文化、跨语际的信息传播和交际活动。它是一个涉及信源、信宿、信号、信道、噪声等要素，以及编码和解码的过程。翻译的意义已不再局限于传统理论中"把一种语言的言语产物在保持内容也就是意义不变的情况下，改变为另一种语言的言语生产过程"。在充分认识到翻译的传播本质后，翻译被认为是"与语言行为和决策密切相关的一种语际信息传递的特殊方式"。

虽然翻译活动是一种特殊形式的传播过程，但在许多基本性质上与传播学的基本原理是一致的，只是带上了一些特殊的性质和特点而已。它们都属于一种社会信息的传递，主要表现为都是关于传播者、传播渠道、受信者之间的一系列关系；都是一个由传播关系组成的动态的、有结构的信息传递过程。翻译传播是告知性符号的双向传播模式。不同的语种传播不同的意象和意蕴，这充分展露了两种语言（英语和汉语）源语和译语之间的差异。翻译只可能尽量忠实准确地用译文形式把原作的思想内容、风格与神韵等再现出来，尽可能使译文读者的感受和反应与原文读者的感受和反应基本一致。如果能达到这个目标，便较为完善地履行了翻译传播学者翻译与再创造的使命。

从传播学而言，翻译的创造性是指译者在理解原文信息和作者创作意图时不可避免会带上主观色彩，在克服语言和文化差异再现原文信息时，会采用独特的处理方法，体现自己的风格，即译者按照一定目的对原文信息进行筛选、分类、分析、转换、存储与传输等方面的加工。信息加工是翻译创造性的关键环节，是利用信息资源的重要前提。因此，翻译的创造性也体现了传播学的特征。

一、增添

翻译的本质是文化传播和文化交流。文化是人类创造的价值，具有独特的民族性、地域性、时代性。不同文化需要沟通，而沟通离不开翻译，跨文化信息传播和交流是翻译发生的本源，翻译是跨文化交流的产物，为了这种传播和交流的顺利进行，译者有时需要采用增添的手法对原文信息进行加工和创造。为了易于译文的读者更有效地接收信息，译者，也即传播者之一，人为添加了新信息来加强传播效果。众所周知，语言符号编码与译码均与文化有着极为密切的关系——人们对来自不同文化的代码的诠释必然受到已有文化的影响。文化这一过滤器对人们接受的某一特定符号加以界定，并决定如何对其解释。因此，目的语言的文化过滤器使译者不得不考虑增加语言代码，减少因文化特性给目的语读者，也就是受众带来的困难。英汉两种语言，由于词义范围不一，句子功能不一，各自根植的文化背景不一，因而传递信息的功能也不一样。汉语的文化信息量很大，译成英语时就可能要添加一定的文字背景。汉语和英语若只作字面上的对等，英语是难以取得和中文受者对原文相同甚至相似的传播效果的。例如，英文受者对"Zheng Chenggong"的字面理解是某人的名字，而中文受者却能由此联想到这位民族英雄为祖国收复台湾的丰功伟绩。只有通过添加的背景，英文受众才可以进一步获悉郑成功在中国历史上的地位，也由此加深了对这一文化信息的印象。"增添"这一技巧虽在传统翻译理论中可称为不"信"的行为，但在跨文化传播中是完全合理且必要的。

二、删除

由于中文独有的曲折含蓄的表达方式和篇章组织结构，存在着堆积辞藻，掺入一些煽情文字的模式。而这些不直接透露信息的文字，从传播学的观点来看，干扰了信息的有效传播，影响了受众的信息接收，因此，有必要在翻译过程中进行删除，保留最为有效的信息。例如：

水印山容，使山容益添秀媚，山清水秀，使山更显柔性情。有诗云：岸上湖中各自奇，山觞水酌两皆宜。只言游舫浑如画，身在画中元不知。

The hills overshadow the lake, and the lake reflects the hills. They are in perfect harmony and more beautiful than a picture.

显而易见，本例中，译者（信息传播者）之所以删除了辞藻堆砌且文化特色气息太浓的诗词，是出于为读者（信息接收者）着想的目的，在不影响原文信息的前提下，为他们排除文化障碍。试想若是译者不辞辛苦地将其译成英诗，且不说译文成功与否，这些诗句势必难以被只具备一般文学欣赏水平的大众理解。倒不如将原文信息化地译为"They are in perfect harmony and more beautiful than a picture."，这样一来受众倒很快接收了主要信息：此地景色宜人。诗的不可译性在传统的翻译理论中早有定论，而从传播学的角度来看，实用文体的翻译旨在传播信息，故而对于信息功能远远低于美感功能的诗句忽略不译也是合理的。

三、重组

从传播学的角度来说，翻译中的重组就是译者对原文信息进行鉴别、筛选和分类，在译文中进行重新编码和解码，并改变原来的行文格式，以增加译文的趣味性和可读性，突出重点，吸引读者，满足他们的好奇心，提高文化、信息传播的效率。重组在翻译实践中被广泛地应用，尤其是在对外宣传报道的消息类新闻中，大量的信息在跨文化传播中被重组。请看下例：

非法闯入我军事演习区域采访

三名香港记者被遣送出境

新华社福州3月10日电，三名香港记者擅自闯入我军事演习区域，进行非法采访活动，在福建省平潭县东澳码头被当地公安机关扣留。经审查，香港女记者孙蕴、邓德慧、刘玉梅三人受香港东方报业集团周刊部主管指派，于3月6日晚上飞抵福州，在3月8日凌晨潜入我军事演习区域窃取我军事演习情况。她们的行为违反了《中华人民共和国国家安全法》和港澳记者来内地采访的有关规定。福建省公安机关已在责令其书面承认错误并没收其非法获得的有关资料后，于今日下午将她们遣送出境。（《人民日报》，1996年3月11日）①

Mainland expels Hong Kong journalists

FUZHOU(Xinhua, March 10) - Three journalists from Hong Kong were expelled from the mainland on Sunday afternoon by public security officers of South China's Fujian Province, for violating the State Security Law.

The journalists were detained after they were found to be conducting illegal interviews inside an area where the People's Liberation Army was holding exercises on March 8.

They admitted that they had flown to Fuzhou, the provincial capital, on March 6, and got into the exercises area early on the morning of March 8, in order to obtain information about the exercise.

(The People's Daily, March 11, 1996)

---

① 三名香港记者被遣送出境 [N]. 人民日报 .1996-03-11(第 4 版：要闻)。

原文除标题外，仅有一段文字，中心突出，层次分明，是一则短小精练的新闻报道。从信息功能来看，原文的正文仅有四句话，表达四层意义：（1）三名香港女记者被公安机关扣留及原因。（2）她们此行的背景、目的和日程。（3）她们所违反的法规。（4）公安机关将其遣送出境。这四条信息中以第（4）条和第（1）条为主，这一点从标题中可得到印证。译文有三段文字，虽然结构不同，但如实地反映了这几条信息。首先，译文按事实材料的重要性依次排列，将原文信息进行重组，把最重要的信息——三名香港记者被遣送出境的事实及原因作为导语置于全文的第一段，而后分两段陈述了原文第（1）条和第（2）条信息，并将原文背景材料中有关的次要信息在译文中略去，如当事人姓名、她们受何人指派以及公安机关令其书面承认错误并没收其非法所得资料等。尽管如此，译文还是再现了原文的信息功能，传达了主要信息。总之，通过重组，译文保留了原文信息的内容和功能，取得了与原文意义相符、功能相似的效果。

综上所述，翻译的"创造性"虽然背离了传统译论"信"的标准，但传播学的相关理论为其提供了有力的理论依据。在传播学理论动态性原则的指导下，翻译过程中各个环节、因素的研究更加系统化和科学化。这说明传播学广阔的理论研究体系能够为翻译学提供所需的模式和有益的养分。当然，需要说明的是，翻译的创造性并不是没有根据的胡译乱译。译者在创造的同时应受到译语语言文化规范与源语语言文化规范的双重制约。译者必须在两种规范所能容忍的限度内发挥自己的主观能动性，达到与宏观语境的协调，真正做到"随心所欲不逾矩"，使原文信息在不同语言文化世界得到再创造，实现应有的文学、文化和社会效益。

第三节 汉语英译的理论与技巧

一、汉语翻译为英语的理论

因为汉译英是翻译中的一种,所以汉语翻译为英语的性质,与一般翻译性质是一致的,就是把用汉语说的话或写的文章等用英语翻译过来。翻译者要遵照原文的内容、风格、情感,把这些都忠实地表述出来。

对于把汉语翻译为英语的翻译人员来说,第一步要做到的就是尽力传达原文的全部信息,使译文的语气和文字风格尽量同原文保持一致。要尽量使用清新的现代英文,翻译出的语言要合乎英语的表达习惯,行文要通顺、流畅、自然、易懂,让读者读后无任何不流畅、不清楚的感觉。我们讲汉语的人理解汉语,尤其是现代汉语,可以说比较容易。但是对翻译者进行翻译来说,实则意味着有相当的难度。例如:

1."字面"和"实质"往往有很大的差距。"七嘴八舌"就不能翻译成"七张嘴八条舌头","寒暄"也不能翻译为"寒冷的谈话","干脆"也不应翻译为"又干又脆"。

2.汉语断句也是个难点。汉语是形散意连,断句不如英语那样严格。如何划分汉语的句子之间的关系,在很多情况下要取决于读者的语感和对语句的理解。比如"世界上第一代博物馆属于自然博物馆,它是通过化石、标本等向人们介绍地球和各种生物的演化历史的"。这个句子很长,给如何断句带来了不小的麻烦。

3.语言逻辑关系也是个难点。我们阅读理解汉语句子时,有许多词组,形式上可能是并行词组,而实际意义差别可能很大,如可能有偏正含义、动宾含义、并列含义等。

4.翻译专用法需要翻译者运用广博的知识,再加上对具体背景的了解。如人们常见的饭店菜谱上写的"蚂蚁上树""龙虎凤大烩""彩凤迎春"等,都是以其形象、喜庆、声祥等特点为不同菜肴取名的,如果翻译者不熟悉这些菜肴,硬按字面翻译,将上述菜名分别翻译为"Ants Climbing the Tree""Dragon, Tiger and Phoenix Stewed""Colorful Phoenix Greeting Spring"可能会使一些动物保护主义者顿失胃口。事实上,这三道菜的真实内容是"Sauteed Vermicelli with minced Pork""Thick Soup of Snake, Cat & Chicken""Baked Chicken and Fried Quail Eggs"。

二、汉语翻译为英语的技巧

(一)汉语词语的翻译技巧

1.词语选择

词随句走,在理解上下文基础上理解词义。词语的准确选择取决于原文词义的准确理解,对原文词义的理解又取决于对原文语句、上下文甚至段落、篇章的深刻理解,这是翻译的一般原理,汉语翻译为英语也不例外。

2.词语增补

汉语行文简洁,如行云流水,能省则省,能减则减,英语却不同,大都要"主—谓"结构完整,环环相扣。所以汉语翻译为英语时,通常都要增补各类词语。增补主要是出于两方面的考虑。

(1)为使英语句子结构完整

汉语翻译为英语过程中,为使句子结构完整,翻译人员主要应在代词、介词、连词、冠词方面多引起注意。

①代词。汉语为了简洁,代词用得很少,英语却少不了各种代词的使用,所以不可掉以轻心。

例如：凭窗站了一会，微微地觉得凉意侵入。转过身来，忽然眼花缭乱，屋子里别的东西，都隐在暗光里；一片幽辉，只映着墙上画中的安琪儿。

Standing at the window for a while, I felt a bit chilly. As I turned round, my eyes suddenly dazzled before the bright light and could not see things distinctly. Everything in the room was blurred by a haze of light except Angle in a picture on the wall.

从所选汉语原文和英语译文的对比中，我们可以看出原文几乎未见主语和代词，译文却必须一一增补进去，否则就不像地道的英文。

②介词。介词在英语各类文体中都非常活跃，汉语不用介词的地方，英语中却常常需要补充进去。

③连词。汉语是通过上下文或语义来联结句子的，很少用连词。英语则不然，该用连词的地方没有连词，句子就可能不地道，读起来就觉得缺少了东西，所以汉译英时，一定要注意补上必要的连词，不能因为累赘而有意省掉。

④冠词。汉语里无冠词这一类词，英语有定冠词和不定冠词两类，定冠词主要用于指已知事物、独一无二的事物、特定事物，或与头衔连用，与部分形容词或分词连用，构成抽象名词等。

（2）为使译文意思明确，不产生歧义

汉译英中的词语增补，都是有着特殊原因的，主要有这样几类：一是汉语句中有此意但无须明言，英语句中若不补充完整，就会导致误解或引起歧义。二是汉语中某些概括性词语无须明言，读者阅读后都能准确理解，译成英语后若不补上，就可能造成语法或语义缺陷。三是汉语文化里特有的典故、谚语，不进行必要的增补或稍加注释，读者阅读时可能"丈二和尚摸不着头脑"。

3. 词组省略

汉语注重行文简洁，英语也注重行文简洁，但两者是有区别的。汉语作者使用某些修辞手段,如排比、重复等,是为了增强文章语势,但当翻译成英语时,有时却显得过于臃肿,有些地方不得不进行"消肿"。遇到这种情况时,翻译者要把握这样几个"消肿"原则:第一,在译文中看来无关紧要或多余的。第二,意思显得重复的。第三,含义在译文中是不言自明的。

4.词类转换

汉英两种语言差别很大,要做到忠实于原文的内容、信息、语气,要使译文通顺、流畅、自然,要使译文地道,就必须适当改变一些词类的词性,即词类转换。下面简要地介绍几种方法:

(1)汉语动词转换成英语名词

汉语动词用得多,而且可以连用,除大量的动宾结构外,还有连动式、兼语式等。而英语虽然动词也多,但一句话中往往只能有一个主谓动词,若需多用,则必须增加其他词。英语的名词用的比汉语多,因此汉语中的动词结构就可以转换成英语的名词结构,使其自然顺畅。

(2)汉语动词转换成英语形容词或副词

汉语中一些表示情感、知觉等心理状态的动词,可以转换成英语的形容词。

(3)汉语名词转换成英语动词

汉译英中,大多数情况是把汉语动词转换成英语名词,但为了生动和多样化,有时可以把汉语名词转换成英语动词,句中的其他词性也作相应的词性转换。

(4)汉语的形容词或副词转换成英语的名词或动词

在汉译英时,出于句法或语法上的需要,也可以把汉语的一些形容词或副词转换成英语的名词或动词。

(二)汉语长句的翻译技巧

英语长句除主谓宾等主干外,还辅之以各种修饰成分,如从句、短语、独立成分等,汉语的长句包含多层意思、多重结构。长句的翻译历来是比较困难的,如果处理不好,一是造成逻辑混乱,语言主次不分。二是语言层次不清,不像地道的英语。这里有三种常用的技巧:

1. 顺着原句语序译

如果汉语是一个单主语长句,即一个主语系统各附属部分,逻辑关系、主次关系、先后顺序都比较清楚,可以依照源语顺序,一贯到底。

2. 变换句序译

汉语和英语叙事、论理的方式和角度都有所不同,为符合英语的表达习惯,汉译英时,有时就必须对长句中叙事的先后顺序做一定的调整。

3. 断句译

所谓断句,就是把原文的一句话翻译为两句或者多句。这里需要断句的长句,主要指有多个主语的句子。这样的长句需要翻译成几个英语句子,才能使结构有条理,意思清楚,合乎英语的表达习惯。

(三)汉语习语的翻译技巧

1. 习语对等翻译法

部分汉语习语和英语习语有近似或相似之处,若能照直翻译过去,英语读者可较好理解其寓意。采取这样的翻译方法,不仅能够使读者见到其原有意义,还可以欣赏源语所表达的形象与文字风格。

2. 形象意义兼顾翻译法

由于使用汉语和英语的人们所属文化差异较大,各自的某些习语含义或比喻意义虽然基本相同,但表达方法差异很大。对这样的习语要采取形象意义兼顾法,即可以直译的部分尽量保持原文形象,不能直接译过来的可以解释或采取其他方法进行适当弥补。

3. 直译法

英语、汉语有些习语意义大致相等，直译能够保留汉语的巧喻及形式，应该说是比较好的译法之一。

因此，译者要根据具体情况选择其他方法把翻译效果做到最好，不能把知识理论和技巧学死，要做到活学、活用。

第四节　汉语英译的传播学特征

传播学作为一门新兴学科，于20世纪40年代兴起于美国，于20世纪80年代传入中国。传播学通常指的是社会信息系统的传递或社会信息系统的运行。在传播过程中，一系列相互关联的因素通过相互作用，达到预期的传播效果或传播目的，即"传播者"通过特定的传播"媒介"将"信息"传达给"受传者"，"受传者"再进行"反馈"。但在将汉语翻译为英语的过程中，有些翻译人员过度强调传播学的纯理论色彩，忽视了传播学的技术性、实用性很强的基本特征。

汉语英译的传播学特征包括：整体性、动态性、开放性、综合性、实用性。

整体性是指结构主义的原则。结构主义的一个基本思想是世界由各种关系而不是事物构成。即在任何既定的情境里，一种因素的本质就其本身而言是没有意义的，它的意义实际上是由它和既定情境中的其他因素之间的关系所决定的。举一个简单的例子，同是一个人，在家庭中他可以相对妻子而言是丈夫，相对儿女而言是父亲，相对父母而言又是儿子。在单位里，他可以是同事，是上级或下级，也可以是其他什么。而在学校里相对学生，他又可以是教师，如此等等。我们研究汉译英翻译也必须把翻译中的诸因素放到系统的整体中去观察，而不是割裂各要素之间的关系孤立地去研究它。

我们要时时注意各要素之间的关系或联系，我们要从这一角度去认识和把握它们。无论我们要突出哪一个要素，我们都势必涉及调动其他要素才能达到这一目的。整个传播过程是一个连续的彼此制约的整体，我们要时刻注意整体的一致性。在整个传播过程中，除了拉斯韦尔提出的"5W"模式，后人又增添了两个要素，共七个要素构成了传播全过程：①谁传播。②传播什么。③通过什么渠道传播。④向谁传播。⑤传播的目的是什么。⑥传播在什么场合下进行。⑦传播的效果如何。以上七个要素构成传播过程的整体，也就构成了翻译过程的整体，它们之间的关系是互相联系、彼此制约的。它们的活动都必须依从整体一致性原则。翻译活动实际上也应以这七个方向为研究对象。

  动态性原则是汉译英翻译活动的另一项传播原则，它与整体性原则密切相关。我们说整体性，并非说它是一个一潭死水一样的系统，结构本身就是一个动态的平衡，它强调结构内部各要素的互动性，它们既密切联系，又互相制约。在传播过程中，尤其是翻译这种跨文化、跨语言，甚至跨时代的活动，各种要素都含有许多变量，必须在整体原则下去分析这些变量，并控制这些变量在变动中保持整个系统的平衡发展。例如，同是进行"四书""五经"这样的儒学经典著作的翻译，虽然"谁说"这个要素确定了，但传播目的不同，或传播渠道不同，或向谁传播不同，必然会引起整个系统的其他要素的相应变化和调整。再如，我们译文是供学者研究，还是为一般读者欣赏，两者采用的方法就应有所区别，贴近原文的直译更受研究者的青睐，而语言顺畅的意译更受一般读者的欢迎。传播的渠道不同，也会影响到一些因素的变化，舞台演出更要考虑的是舞台效果。如果是原版电影的翻译，我们不可能不考虑语流的快慢与长短，甚至是口形的相近，如是以文学形式的印刷出版则另当别论。向谁传播的问题也是如此，如向儿童介绍儒学著作，在选译原文时，可能选用现代作家的白话文版本比古文原著要更有效。所以把汉语翻译为英语也是同传播一样，某一要素的变化都会引起其他要素的变化，而这些变化又应以整体原则为指导。有人想以一条原则来确定翻译的标准，其效果是十分有限的，也将是徒劳的，因为它缺乏对于动态变化的针对性。

开放性是另一项重要特征。把汉译英置于传播学的框架中，更有利于把翻译活动向各相关学科开放，使它能从任何一个角度，使任何一个要素或在任何一个层面上向着要解决的那个任务的所有现象开放，使凡是与之有关的各学科的知识、方法，都能渗透到这个系统中。以往的封闭型系统对语言学科的有些成果就很难引进，如语义学、成分分析等静态性的内容容易被汉译英吸收，但语用学这样涉及动态内容多的成果就会比较难以为翻译所吸收和消化。同传播学一样，翻译也是多学科介入的综合性学科，不仅是语言学，还有文艺学、心理学、思维学、文化学、社会学等，是在多学科成果的基础上建立起来的。所以它必须向这众多学科开放，吸收它们的营养，并消化它们，充实和完善自身，使自身更具兼容性，这就需要像传播学这样的开放性系统框架。原有的理论框架系统不利于汉译英翻译活动的建立，我们必须重新选择模式，让它在更广阔的土地上发展壮大。

综合性特点是在开放性的前提下形成的另一特征。传播学是一个综合学科，它不是独立成长起来的学科，它是在我们提到的诸多学科的孕育和催动下才形成的。它吸收、消化了这些学科的许多成果与方法，所以具有综合性，但原来的传播研究一直排斥综合性，各派观点互相攻击，论战不休，这都是学科不成熟的表现。成熟的学科不是没有争论，但它们争论的结果应是前呼后应、循序渐进、互相补充、彼此修正、逐步深入、不断前进的，而不是互相诋毁、互相攻击、互相抵消。这正是传播学之所以在20世纪二十年代到四五十年代的20多年中就得到飞跃发展，很快成为一门蔚为壮观的显学的原因之一，也是汉译英翻译学千呼万唤不出来的根源所在。凡是边缘学科和综合学科都具有综合性特征。即使是原来独立很早的学科，随着人们对客观世界的认识不断增强，它们的综合性特征也越来越明显了。我们所说的独立学科是指那些有自己的研究对象的学科，它有与其他学科不同的原则与方法，从任何别的单一学科角度去研究它都会遇到一些难解的困难，只能依赖于它特有的理论原则和方法去解决才行。从这个角度来说，汉译英翻译学又是一门独立的学科。

最后一个特征是实用性特征。众所周知，没有理论指导的实践是盲目的实践。汉译英翻译活动的历史可谓久远，但有理论指导的汉译英翻译实践的历史不是太长，以往汉译英翻译实践多是感想式的或经验式的，缺乏指导性与广泛性，所以汉译英翻译学科的建立势在必行，而且随着国际交流、信息爆炸的形势日益发展，建立以汉译英传播学科为框架的翻译学理论就会更具实用性。以往的理论缺乏实用性的原因就是局限于语言与文学两个方面和译语与源语的两极之中，所以，不能适应日益变化频繁的实际信息传播的活动，因而也就缺乏实用性。

第五节　英汉翻译与跨文化交流

人们相互接触，不论他们愿意与否，或者是否意识到了，他们的所有行为都在交流着某种信息，即他们无时无刻不在接收信息和传出信息。两人见面即使一言不发，其容貌、穿戴打扮、举止表情和行为都在传递信息。徐庶入曹营一言不发，就充分表达了他与曹操不合作的态度。在人们生活中"此时无声胜有声"的情形可是司空见惯的。可见，人们互相接触，问题不在于人们是否在交流信息，而是交流了什么信息。

一、人们在同文化环境中进行交流时，有信心有能力理解对方传递过来的语言和非语言信息

在跨文化交流中，若一方不懂对方文化，往往就没有能力恰当地解释对方传递来的信息，会导致种种误解，小的误解会使人感到不舒服，大的误解会铸成大错乃至兵戎相见。

举个简单的例子。在交流中人们一见面，首先要互相致意，通常所说的打招呼，以表示友好和礼貌。由于文化不同，甲方认为是彬彬有礼的问候，却被

乙方看作颇为失礼的言行，从而使交际伊始，在乙方心中就蒙上了一层阴影，而甲方却蒙在鼓里。对中国人来说，两个熟人见面时，常用"吃饭了没有"表示问候。在英美文化中，问对方"吃饭了没有"是一种委婉的邀请对方吃饭的表示。对于男女青年来讲，若男方讲这种话则表示他有意与女方约会。一见面就想和女方约会，十有八九使女方迷惑不解：男方居心何在？男方一句善意的问候，可能会使女方在整个谈话过程中都忐忑不安。

再举一例，第二次世界大战后期，1945年7月26日，中、美、英三国发表《促令日本投降之波茨坦公告》，要求日本无条件投降。日本首相铃木宣布他的政府愿意"默杀"波茨坦公告。该词既有"藐视和不理睬"的意思，又有"高明老练不作出反应"的意思。根据战后"太平洋研究会"的看法，当时铃木表示的是后一种意思，即他没有拒绝波茨坦公告。但是英文里没有与默杀完全相对应的词。日本对外广播通讯社的译员选择了"藐视和不理睬"的意思译成英文。因而，该新闻广播后，全世界都知道了日本拒绝投降的消息。这一误译使美国断定，日本不愿意投降，于是在广岛和长崎投下了原子弹。对此有的西方学者说，如果当时在翻译中选择了另一个词，美国也许就不会使用原子弹了。当然，出于政治上的原因，即使在日译英中把"默杀"译成"高明老练地不作出反应"的意思，美国可能仍旧会在日本投下原子弹，但是这无疑会大损美国形象。

在今日人类跨文化交流日益频繁的环境中，为了使不同文化的人际、群体、国际的交流避免误会，进行有效的交流，在人与人之间建立良好的关系，在群体间增进理解和合作，在国与国之间促进彼此的友好相处，有利于人类的和平与发展，人们需要了解跨文化交流的知识，提高跨文化交流能力。

不同文化的彼此交流，对一个人的个性和文化属性的发展，对一个群体、一个国家文化发展的走向都会产生影响。在当今世界跨文化交流信息量加大的时期，文化交流的影响也在加大加快。在历史上，印度佛教传到中国，促使我国古代传统文化发生了重大转变，因而有的历史学家把佛教传入中原后不久的魏晋南北朝时期称为中国文化的转型期。我国文化的方方面面都染上了佛教的色彩，佛教文化成为中国传统文化的一部分。例如，"世界"一词就来自佛教的词汇。跨文化交流对文化发展的影响是客观存在的，也是有规律可循的。人们需要认识跨文化交流的规律，只有认识了其中规律，才能在跨文化交流中从"必然王国"向"自由王国"迈进。

总之，在我国实行改革开放的今天，不同文化之间的信息交流这一社会现象，日益明显地摆在每个人、每个群体面前。了解跨文化交流中的发展规律，利用这些规律指导现在，预见将来，对于个人成长及整个民族和国家文化的发展都具有重要意义。

二、对跨文化交流进行理论性阐述

跨文化交流的理论来源大约有三个。首先，是把传播学的理论加以扩展，形成跨文化交流理论。其次，是利用其他学科的理论产生跨文化交流理论。最后，是在对跨文化交流进行特定研究基础上发展起来的新理论。

早期跨文化交流的学者曾认为，跨文化交流的内在过程与同文化交流的内在过程不同。现在这种理论已被多数学者否定。学者们多数倾向把传播学的理论应用到跨文化交流的理论中来。由于传播学是不同学科的学者们，主要是心理学家、社会学家、政治学家、文化学家、语言学家共同开拓的，所以这些学科不仅是构成跨文化交流学最直接的理论来源，而且至今与跨文化交流学保持着千丝万缕的联系。跨文化交流学是一门边缘学科。正如古迪孔斯特所说："跨文化交流学是译文跨学科的研究领域，不仅仅需要从已有的跨文化交流的著作中寻找资料，而且要从文化人类学、比较社会学、跨文化心理学、跨文化培训、群体关系（心理学和社会学）、国际事务、国际关系、语言学、宗教研究、语言社会心理学等领域去寻找资料，以上列举的只是获取信息的主要领域。"

三、语言和思维有着密切的联系，人们可以利用语言来分析人们思维的特点

利用语言学研究语言与文化的关系，现在人们至少认识到语言有两套规则，一套是语言自身的规则，即语音、词汇、语法等，另一套是使用规则，即决定语言是否使用得体的种种因素。语言的使用规则实际上就是语言所属文化的各种因素，利用符号学对比不同文化的非言语符号，比如沉默、手势、转换话题等。文化与语言是相互依存的，文化中最明显的特征就是语言，语言被普遍认为是跨文化交流中的一个关键因素。

早期关于跨文化交流学的研究具有文化人类学或者修辞学的性质，来自上述两个学科的跨文化交流学开拓者们的学术成果甚多。修辞学作为研究跨文化交流的一种办法，其作用有以下三个方面：研究修辞学的理论家们不仅仅是从个别人的不同，而且是从上下文的特征这一宏观角度去分析问题，这就是说，信息接收者可以从交流者发出信息的上下文，即交流的整体环境中去理解交流的真正含义；这种理论方法可以把信息自觉适应的分析方法，运用于分析跨文化交流；修辞学的交流使得传统的真实、效益、伦理判断等评论标准得以运用于跨文化交流；修辞学理论有助于我们理解整体论和组织范畴，这两个领域可能成为跨文化交流学将来的研究方向。

四、语言是文化的重要载体之一

语言差别是不同文化间最重要的区别之一，是同文化交流与跨文化交流相区别的显著标志之一，也是跨文化交流中最大的障碍之一。

语言学是人类社会中客观存在的特有的社会现象，是一种社会群体约定俗成的，通过学习获得的，由语音、词汇、语法构成的符号系统。它是在一定地域或文化群体成员之间表达意思和交流思想的交际工具。

文化对语言的影响很大。实际上，语言和文化难以分开。文化在很大程度上决定了语言本身，文化环境对于其成员如何使用这种语言发挥着积极作用。语言反过来又对人们的感知产生影响。文化对语言的影响人们容易看到，也容易理解，而语言对感知的影响则不容易察觉到。

长期以来，人们把语言当作表达人们思想和概念的工具，即在人、语言、客观存在这三者之间，语言在人对客观存在的感知中不发生任何影响。1929年，美国语言学家萨皮尔对上述传统观念提出了挑战：语言的作用不仅是传递信息，而且在实际生活中塑造了我们对客观现实的感知，即语言结构能够决定使用该语言者的思维方法，不同语言的结构导致使用这些语言的人以不同的方法观察世界（实际上，在18—19世纪时德国学者郝尔德和洪堡也曾经提出过这种观点）。萨皮尔的观点最初没有引起人们的重视，直到20世纪30年代他的学生沃尔夫论述上述观点的论著发表后，才引起学术界的重视。沃尔夫对北美印第安人的霍比人语言进行研究后认为，霍比人的文化和环境塑造了霍比人语言的形式，反过来，霍比人又为霍比语言的形式所塑造，从而逐渐形成了霍比人对客观实在的感知。

"沃尔夫假说"震动了语言学界，对语言学产生了很大的影响。这一假说，对研究跨文化交流的学者们尤为重要，使他们认识到语言对感知的重要性。

语言作为整体与文化发生关系。无论是文化对语言的影响，还是语言对文化的承载，两者之间的相互作用都是发生在语音、语义、词汇、语法、语用、文字等几个方面。

语言与跨文化交流的关系成为研究跨文化交流的学者较为关注的问题。文化人类学、语言学、社会学、社会心理学等学科的学者们就文化、语言、跨文化交流之间的关系进行了许多研究。

世界诸语言从声调上可分为声调语言和非声调语言。声调语言中的声调同辅音元音一样，起着辨义的功能。如汉语普通话中的"妈""麻""马""骂"，发音相同，但因声调不同而意义有别。而非声调语言，例如英语，其声调只担负语气的功能。汉语普通话有四声，而英语等印欧语系的口语中无四声。这是汉语和英语在语音上最重要的区别之一。

语义指符号与所指事实和概念之间的关系。换句话说，语义是指语言中词语的意义。对比汉语和英语的情况，其中词义的异同问题与文化发生的关系最密切，对跨文化交流的影响最为突出。

各种文化都为词汇赋予了特有的含义，每个词汇都代表着一定的对象或现象。符号同对象之间的固有关系并不是必然的，而是人们在共同社会生活中约定俗成的。各种文化群体对同一对象或现象各有不同的说法和名称，甚至在同一文化内对同一现象也有不同的说法和名称。

文化上的发展、变化往往在词义上得以反映。文化中的旧事物衰退了、消逝了，但留下了文字记号。尽管英语和汉语的词汇的含义都具有变化性，但是，由于汉语是一种象形文字，而英语是一种拼音文字，因此英语词汇的意义的变化速度要比汉语快。

了解不同语言中由于文化不同而形成的词语的字面意义和引申意义的异同，是有效地进行跨文化交流的关键之一。例如，我国的现代京剧《红灯记》的名称常被美国人误解。红灯的字面意义是指红色的灯，红色在汉语中的引申意义是"革命的"，而在美国文化里，其引申意义却跟色情服务有关。

句法是指语法中连词成句的规则，即词汇这种符号之间的关系，是语法的一部分。

中国的语言学者认为，中西语言造句的不同在形态上，汉语为散点式，英语为焦点式；在过程上，汉语为动态式，英语为静态式。

英语句子组织是以动词为核心的。句中各种成分都以限定动词为中心，明确彼此关系。这种句子格局本质上反映的是西方民族焦点式的思维方式。在汉语里，句子思维不是采用焦点透视的方法，而是采用散点透视的方法。

不同群体组织的信息交流，是一个群体组织文化发展变化的动力之一。历史和现代科学证明，世界各族人民都具有独立创造和发展自己文化的能力，在历史上都曾有过光辉的表现，对人类文明都作出了各自的贡献。各种文化总是互相交流、互相吸收和融合的，一个群体组织对其他组织所创造的优秀文化的借用，减少了重复劳动，促进了人类文明的发展。当今世界上没有一种文化是纯粹的没有吸收任何外来文化的文化。历史表明，一种文化越是能吸收其他文化的精华，就越能散发出夺目的光辉。文化交流是促进文化发展和人类文明进步的有力杠杆之一。

第五章 跨文化传播背景下英汉词汇翻译实践

第一节 名词的翻译

英汉名词特点基本相同,都表示人、地方和事物的名称,但英语倾向于运用名词来表达某些在汉语中常以动词表达的概念。因此,就词类而言,英语中以名词占优势,即英语倾向多用名词。

一、英汉专有名词的翻译

专有名词指表示人、地方、机构、组织等的专有名称。具体说来,它包括人名、地名、月份、星期、节日、书名、电影名以及某些抽象名词等。

(一) 英汉的人名

1. 英汉姓名的顺序差异

汉语先说姓后说名,如:李四光,"李"是姓,"四光"是名。而英语相反,即先说名后说姓。如:Benjamin Franklin,Benjamin 是名,Franklin 是姓。

2. 英汉姓名的组成差异

汉语人名是由"姓+名"构成,其中姓有单姓和复姓,名也有单名和双名,如:诸葛孔明,"诸葛"是复姓,"孔明"是双名;司马光,"司马"是复姓,"光"是单名;陈景明,"陈"是单姓,"景明"是双名;田汉,"田"是单姓,"汉"是单名。

英语人名由"第一个名／人名＋中间名＋姓"组成。第一个名是命名，由父母命之；第二个名即中间名，是教名，由教堂的牧师或神父命之。习惯上欧美人都有两个名，但第二个名很少用，常常只写首字母或省略。

3. 英语中姓名的复数形式

"the＋姓名复数形式"是把以该姓名称呼的人一般化、分别化，指其中的某些人。因而，多用来指某某全家，某一家族，有时也指特定父子、叔侄、夫妻、兄弟姐妹、年长或年青一代等。

例1："Do you mean the Jacksons with whom we made a trip to the Crimea some years ago？" "Oh, no．It's quite another family．Do you remember the Jackson who used to play tennis with us? He's the eldest son of the family I mean."

译文："你是说几年前我们同他们一起去克里米亚的杰克逊一家子吗？""不是。那是另一家。你记得常和我们打网球的杰克逊吗？他是我所说这一家的大儿子。"

例2：The Williams moved to New York city, where the children could go to a better school.

译文：威廉一家搬到了纽约，在那里孩子们可以上一所更好的学校。

4. 英语中姓的省略形式

当夫妇、兄弟的姓名并列时，经常有姓的省略，翻译时要重复译出。

例如：In 1903 two brothers name d Wilbur and Orville Wright sent a letter to government officials in Washington D．C．, announcing a revolutionary invention.

译文：1903年，名叫威尔伯·赖特和奥维尔·赖特的兄弟俩寄给华盛顿政府官员一封信，宣告他们一项革命性的发明已经成功。

5. 人名的翻译原则

（1）名从主人。"名从主人"是指翻译专有名词应该以名词所在国的语言的发音为准。例如，英语里的"England"按英语发音译成"英格兰"；"Germany"按德语发音译成"德意志"；"Rome"按意大利语发音译成"罗马"。另外，如果原文已经有汉语名称，如日语和朝鲜语，虽然其英语发音与相应汉字译名的发音不一致，翻译时应以原来的汉字为译名，不管其英语发音如何。例如：Hiroshima 的汉字是"广岛"，其译名应是"广岛"；Hitachi 的汉字为"日立"，译名为"日立"；Kim Ⅱ-Sung 是朝鲜语，其汉字是"金日成"，其译名应是"金日成"。

（2）约定俗成。人名的翻译原则上要遵守"约定俗成"的译法，道理与地名的译法一样。比如，Karl Marx（卡尔·马克思）不能翻译为"卡尔·马尔克思"，Bernard Shaw（萧伯纳）不能翻译为"伯纳德·萧"，President Reagan（里根总统）不能翻译为"雷根总统"，而 Marilyn Monroe（玛丽莲·梦露）则不能翻译成"玛里琳·门罗"，即使 Monroe 的"约定俗成"的译法是"门罗"。

6. 人名的翻译方法

（1）音译法。音译法是把原文的人名按照发音译成目的语文字。英汉人名互译大多使用音译法。如，英译汉时，英语人名 Smith 译成"史密斯"，Helen 译成"海伦"。

运用音译法要遵循"名从主人"的原则。为使译音统一，英译汉时，译者可以查阅《英语姓名译名手册》（商务印书馆出版）、《新英汉词典》（上海译文出版社出版）、《辞海》的附录以及《英汉译音表》等。

汉语人名英译时，一般用汉语拼音，姓译成一个词，名译成一个词，双名的两个字的英译之间不加连词符，如 Mao Zedong（毛泽东），Zhou Enlai（周恩来）。

运用音译法翻译人名时需要注意以下几点：

第一，发音标准。所译人名的音不仅要符合人名所在国语言的发音标准，还要符合汉语普通话的标准发音，以使不同的翻译工作者在对人名进行翻译时可以做到"殊途同归"。

第二，按性别翻译。同汉语人名一样，英语人名也有性别差异。在使用音译法翻译英语人名时，译者需要选择可以进行性别显现的汉字。例如，将 Emily 译为"艾米丽"，将 Edward 译为"爱德华"。

第三，尽量简短。音译名还应尽量简短，以便于记忆。译者在翻译过程中，可将英语中一些不明显的发音省略掉。例如，将 Rowland 译为"罗兰"，而不是"罗兰德"；将 Engels 译为"恩格斯"，而不是"恩格尔斯"。

第四，避免出现生僻字和易引起联想的字。翻译人名时还必须采用译音所规定的汉字，避免使用生僻的字和容易让人引起联想的字。例如，将 Kennedy 译为"肯尼迪"，而不能译成"啃泥地"。

（2）形译法。近年来，一些英译汉的译著中常常出现"形译"，即照搬原文、不做翻译的办法。汉语和英语分属不同语系，差异很多，传统的英译汉中是很少直接照搬英文人名的，但近年来这种方法时常出现在英译汉翻译作品中。

例如：In 1952 Watson and Crick announced that DNA molecules existed as paired intertwining helical rods, a discovery that initiated the science of molecular biology.

译文：1952 年，Watson 及 Crick 宣称 DNA（脱氧核糖核酸）分子是以成对相扭的双股螺杆的形式存在着，这一发现开创了分子生物学这门学科。

（3）灵活处理。一般来说，人名可按译名手册译出，但是有时需要做一些变通。

例 1：The Einsteins, however, could not afford to pay for the advanced education that young Albert needed.

译文：年轻的爱因斯坦需要接受更高级的教育，然而他的父母付不起学费。

解析：句中为了表示大科学家爱因斯坦为其家庭中的成员，用名（Albert）而不用姓。而 Albert 的名字对我国读者来说并不熟悉，因此以改译姓为好。句中 The Einsteins 的译法也做了调整。本句的姓名如果直译，意思就显得不清，甚至会产生误解。

例2：Robert Brown, a Scottish biologist, recognized the importance of Dart's discovery, and was convinced that other sites must exist in South Africa.

译文：苏格兰生物学家布朗认识到达特的发现的重要意义，并确信在南部非洲其他地方还能找到化石。

解析：句中 Robert Brown 只译出姓（当然全译也不是不可），以求与后面达特之姓对称。

（4）中国人名的回译。侨居海外的华人中不乏成就的著名人士，对于他们的姓名就有从外文译成汉语的回译问题。此外，我国古代或近代典籍被国外传译的，有关人物的姓名也有一个回译问题。人名的回译仍须做到"名从主人"，即不能按照原文的形式来译，而需要恢复人名原来的写法。

例如：Samuel Chao-Chung Ting is younger than either Wang or Pei and recognition came to him much earlier than it comes to many professionals.

译文：丁肇中比王（安）和贝（聿铭）都年轻，而且他成名时年龄比许多专家成名时年龄小得多。

解析：本句中丁肇中的外国名字 Samuel 不译，英语中名在前、姓在后的表达习惯恢复成汉语表达，王安和贝聿铭也补全成了全名。

（二）地名的翻译

1. 地名的翻译原则

地名的处理同历史、国情、语言及民族习惯等都有关系，一般要遵循以下三项原则。

（1）政治性原则。地名的翻译可能涉及国家主权、政治立场，例如，中国的"钓鱼岛"不能译为"尖阁群岛"。地名翻译事关重大，应尽可能找到出处。一般可查《外国地名译名手册》（中国地名委员会编，商务印书馆出版）、《世界地名译名手册》（辛华编，商务印书馆出版）。此外，《辞海》附录"外国地名译名对照表"、《外国地名手册》（地图出版社出版）等均可参考。

（2）约定俗成。地名与语言里的其他词语一样，一经约定俗成，就代代相传。地名的社会性要求它有相对的稳定性（当然，随着社会的发展，某些地名也有变化），与之等同的译名显然也应有一定的稳定性。俄罗斯首都"莫斯科"（Moscow）是按英文音译的，如按俄文应为"莫斯克娃"，但前者已约定俗成。Cambridge，一为美国马萨诸塞州内的一个地名，译为"坎布里奇"市，而另一为英国的地名，译为"剑桥"。有些地名意义明确，采用意译，如 Thursday Island 译为"星期四岛"（因探险者于星期四发现它而得名）。类似的如美国的 Long Island 译为"长岛"，Atlantic City 译为"大西洋城"等。也有半意半音的译名，Northampton—北安普敦，New Zealand—新西兰等。但是，有的地名虽有一定含义，而仍取音译，不用意译。例如，Sierra Leone，系按葡萄牙语 Serra da Leao 转译，葡语意为狮子山，我国仍音译为"塞拉利昂"。

（3）名从主人。地名翻译仍然要遵循"名从主人"原则，就是说翻译地名必须遵照原来的读音。如 Paris 按英语的读音应译为"巴黎斯"，但由于在法语中"-s"不发音，所以译为"巴黎"。

2. 地名的翻译方法

（1）音译法。音译法是翻译地名的最常用方法。在翻译时同样遵循前面关于人名翻译时讲到的准则，即要保证音准，不用联想词和生僻字，翻译时可省略不明显的音，但不能添加音。如英语地名 London 译作"伦敦"，Chicago 译作"芝加哥"。

汉语地名的英译一般用汉语拼音进行音译，如"山西"译作 Shanxi，"上海"译作 Shanghai。少数民族地区的地名一般要根据习惯或少数民族文字的发音译，如"西藏"是 Tibet，"内蒙古"是 Nei Mongol 或 Inner-Mongolia，"呼和浩特"是 Hohhot。

（2）意译法。意译法是指根据原文的意思，按照目的语的构词法进行翻译。有些地名有明确的意义，这种情况多采用意译，如 the Pacific Ocean 译为"太平洋"，Red Sea 译作"红海"，Pearl Harbor 译作"珍珠港"等。

（3）音意混译法。音意混译即一半用译音，一半用译意来翻译一个地名，如 Northampton 译作"北安普敦"，New Zealand 译作"新西兰"，New Mexico 译作"新墨西哥"等。一般由具有词义的词和不具有词义的词组成的地名，可采用音意混译法。

3. 其他问题

（1）地名翻译时增加通名（如"山""川""河""海""省""市"等）。

有的地名由专名和通名两部分构成，如纽约市、日内瓦湖。其中"纽约""日内瓦"是专名，"市""湖"是通名。有的地名虽然不包括通名，但是为了便于读者了解，仍以增加"山""川""河""海""县""市""区""省"等词为好。

例1：I was born in Burdine, Kentucky, in the heart of the Appalachian coal—mining country.

译文：我出生于阿巴拉契亚山脉煤矿区中心的肯塔基州柏定市。

例2：He slipped out of the State Department and crossed the Potomac to Arlington, Virginia, where the civil ceremony took place.

译文：他偷偷地溜出了国务院，渡过波托马克河到弗吉尼亚州的阿林顿县，在那里举行了公民结婚仪式。

解析：译文中分别给 Potomac，Arlington，Virginia 加上了通名，而非简单音译过来，以免缺少文化背景知识的读者理解起来困难。

（2）增加国名或区域范畴词。有时不同地点（书写可能不同，读音相近或相同）译成同一汉名，如巴西的 Sao Luis、阿根廷的 San Luis 和美国的 Saint

Louis，汉名均为"圣路易斯"。而名为"圣地亚哥"的城市有四个：智利首都 Santiago，美国城市 San Diego（又名"圣迭戈"），古巴东南岸港市 Santiago 以及多米尼加的圣地亚哥省省会 Santiago。对于异地同名者，翻译时可注明国别，或译出该城市的全称（因命名来源不同，全称往往有别）。

（三）机构等名称及其翻译

（1）由专有名词构成，采用音译法。

the Kremlin 克里姆林宫

the Alps 阿尔卑斯山

（2）由普通名词和形容词等构成，可意译。

the United Nations 联合国

the State Department 美国国务院

the British Museum 英国博物馆

教育部 the Ministry of Education

人民日报 the People's Daily

（3）由普通名词加上专有名词构成，音意混译。

Hyde Park 海德公园

天安门广场 Tian'anmen Square

二、英语普通名词的翻译

（一）名词译作名词

1.英语中的名词多数都可以译作汉语中的名词

世界上的语言都有一些共通性，因此，英语中的许多名词在汉语中可以找到相应的名词与之对应。这种词翻译起来比较容易。

例1：A research paper should be written in a formal style.

译文：研究性的论文应该以正式的文体来撰写。

例2：The head of the delegation is in the lecture hall, giving a lecture to the audience.

译文：代表团的领导在报告厅给听众作报告。

2. 增加范畴词

英语词汇含义广泛，对上下文的依赖性比较强，英语抽象名词尤其如此。有些抽象名词表达的抽象概念在汉语中有对应词，我们可以直译，例如 science（科学），literature（文学、文献），friendship（友谊），art（艺术）等。但是更多的抽象名词在汉语中找不到合适的对应词，其词义表达抽象化、概念化，给人"虚""隐"的感觉，常常让我们觉得"心里明白，说不清楚"，给翻译工作带来一定的难度。为了把抽象名词的意思说透，根据汉语"明""实"的特点，将英语抽象名词具体化、形象化是解决这一问题的较好方式，增加范畴词就是方法之一。

例1：The dangerous tension between opposing military powers threatens the neighboring countries.

译文：两个敌对军事力量之间危险的紧张局势威胁着周边的各国。

解析：抽象名词 tension 说明事态的情况。

例2：His speech eased our embarrassment.

译文：他的讲话缓解了我们的尴尬局面。

解析：抽象名词 embarrassment 说明人之间的情况。

例3：Keep your eyes on this new development.

译文：请你注意这个新的发展情况。

解析：抽象名词 development 译作具体的事物"发展情况"。

例4：Under his wise leadership, they accomplished the "impossibility".

译文：在他的英明领导下，他们完成了这件"不可能完成的工作"。

解析：抽象名词 impossibility 译作"不可能完成的工作"。

（二）转译为动词

（1）后缀为 -er 或 -or 的名词转译成动词。后缀 -er 或 -or 的名词，在句中如果不表示身份和职业，而动作意味强时，宜转译成动词。

例1：To be a success manager of a hotel, one must have the true love of service.

译文：要管理好饭店，你就必须真正热爱服务这一行。

例2：Motorola is the pre-eminent supplier of equipment to a global industry with some 100 million users.

译文：摩托罗拉公司向一个拥有近一亿用户的全球性行业提供装备，业绩十分突出。

例3：The holder of an MBA from the University of Chicago, he has spent his entire 32-year career at the company.

译文：他获有芝加哥大学的工商管理硕士学位，在这个公司一干就是32年。

（2）含有动作意味的抽象名词往往可以转译成动词。

例1：A careful study of the original text will give you a better translation.

译文：仔细研究原文，你会翻译得更好。

解析：包含有动词意味的 study 译作了汉语的动词"研究"。

例2：The sight and sound of our jet planes filled me with special longing.

译文：看到我们的喷气式飞机，听见隆隆的机声，令我特别神往。

解析：含有动词意味的 sight 和 sound 分别译作了汉语的动词"看到"和"听见"。

（3）由动词派生的抽象名词往往可转译成汉语动词。

在英译汉中，常将那些由动词转化或派生而来的行为抽象名词，转译成汉语的动词，以顺应汉语多用动词的习惯。

例1：Laser is one of the most sensational developments in recent years, because of its applicability to many fields of science and its adaptability to practical uses.

译文：激光既可以应用于许多科学领域，又适合各种实际用途，因而成了近几年最为轰动的科学成就之一。

例2：Rockets have found application for the exploration of the universe.

译文：火箭已经用来探索宇宙。

解析：例1、例2中的四个英语名词均为动词派生而成，因此翻译成汉语时应还原为动词。

例3：Enough time has passed since Dolly's arrival for a sober, thorough assessment of the prospects for human cloning.

译文：多利出生以来，人们用了足够多的时间，审慎而详尽地评估了人类克隆的前景问题。

解析：arrival 译成汉语动词"出生"，名词 assessment 译成动词"评估"，读起来更顺畅，符合汉语用词习惯。

例4：In spite of all the terrible warnings and pinches of Mr. Bumble, Oliver was looking at the repulsive face of his future master with an expression of horror and fear.

译文：尽管本伯尔先生狠狠警告过奥利弗，又在那里使劲掐他，他还是带着惊恐害怕的神情望着他未来的主人那张讨厌的脸。

解析：句中的英语名词 warnings 和 pinches 译作汉语的动词"警告"和"掐"。

（三）转译为形容词

英语中的某些名词，特别是一些形容词派生的名词，做表语或宾语时，汉译时将其译为形容词更符合汉语的表达习惯。

例1：It is of great *importance* for the modern students to learn English.

译文：对当代学生来说，学英语很重要。

例2：The book is of great *help* to me.

译文：这本书对我很有帮助。

例3：The experiment proved to be a big *success*.

译文：这个实验证明是很成功的。

例4：In point of fact, the question of *rightness* or *wrongness* simply does not enter into the dispute.

译文：事实上，这场争论中并不存在谁是谁非的问题。

例5：He found some *difficulties* to design a reactor without an electronic computer.

译文：他感到没有电子计算机要设计反应堆是有些困难的。

例6：The lower stretches of rivers show considerable *variety*.

译文：河流下游的情况是大不相同的。

解析：上述几个例子中的斜体名词均为形容词转换词性演变而来，因此翻译成汉语时都还原为形容词词性。

例7：The spokesman had to admit the feasibility of the proposals from the third-world countries.

译文：发言人不得不承认第三世界国家的建议是可取的。

解析：若直译成"承认了……可取性"，译文就明显带有"翻译腔"，不符合汉语行文习惯。

（四）转译为副词

英语中一些具有副词含义的名词有时也可以转译成副词。

例1：Quasi-stars were discovered in 1963 as a result of an effort to overcome the shortcomings of radio telescopes.

译文：类星体是1963年发现的，是人们努力克服电望远镜的缺点所取得的一项成果。

解析：原文的名词effort转译为副词"努力"。

例2：When he catches a glimpse of a potential antagonist, his instinct is to win him over with charm and humor.

译文：只要一发现有可能反对他的人，他就本能地要用他的魅力和风趣将这人争取过来。

解析：名词instinct转译为副词"本能地"。

（五）译成四字格

四字格是汉语的特色之一，在英汉翻译时可以在条件允许的情况下多多使用，增强译文的语言节奏感和工整性。

例如：To help myself live without fault, I made a list of what I considered the 10 virtues, These virtues are ① Temperance, ② Self-control, ③ Silence, ④ Order, ⑤ Firmness of mind, ⑥ Industry, ⑦ Honesty, ⑧ Justice, ⑨ Morality, ⑩ Humbleness.

译文：为了使自己生活中不犯错误，特列出我认为应该身体力行的10条守则。这些守则是：①节制饮食，②自我克制，③沉默寡言，④有条不紊，⑤坚定信念，⑥工作勤奋，⑦忠诚老实，⑧办事公正，⑨品行高尚，⑩谦虚恭顺。

解析：译文中用了10个"四字格"，排列整齐，读起来流畅，形象生动。

三、英语名词复数的翻译

英语名词复数，汉译时根据汉语的习惯一般不需要把每个英语名词复数都表现出来。但在有些情况下，为了明确表达原文含义，必须将复数译出。这时英译汉通常采取增词法或重复法来再现英语复数名词的意义。就复数名词的翻译而言，一般有以下三种方法：

（一）省译名词复数

由于汉语名词的复数不是通过词形变化表示的，因此，英语名词复数在汉译时通常不必译出来。

英语的某些名词，总是以复数形式出现，这是因为它们表示的物体总是由两部分构成。如：glasses（眼镜），trousers（裤子），shorts（短裤），knickers（短衬裤）等。汉译时，这些词不必译为复数。

例1：Your trousers are torn. You'd better change them.

译文：你的裤子撕破了，该换一条了。

英语中，名词的复数形式可以表示类别，汉译时不用译出复数。

例2：Mineral oils are very useful in industry.

译文：矿物油在工业上很有用。

解析：oils一词，在汉语中不必译成复数形式。

例3：Scientists must be trained to be objective.

译文：必须将科学家培养成持有客观态度的人。

解析：虽然scientists是复数形式，但译成汉语时不必增加"们"字以示复数。

例4：Cars roared past streets crowded with people.

译文：汽车隆隆地驶过挤满人的街道。

（二）增词法翻译名词复数

汉语利用数量词或其他词的方式表示复数之意，而英语利用名词词尾的变化形式表示复数，一般说来，在汉译时，应该增补表示复数含义的词，如"们""好几个""许多""那些""一批""一些""各个"等，使语义明确、完整。

例 1：But that the old workers helped us, we should have failed.

译文：要不是老工人们的帮助，我们早就失败了。

例 2：The moving parts of a machine are often oiled that friction may be greatly reduced.

译文：机器的每个工作部件常常涂上润滑油，以便大大减少摩擦。

例 3：The avenue is flanked by rows of new buildings.

译文：马路两旁是一排排的新建筑。

例 4：The president made an inspection tour in the eastern provinces.

译文：总统视察了东部各省。

例 5：The very earth trembled as with the tramps of horses and murmur of angry men.

译文：大地颤动，仿佛万马奔腾，千夫怒吼。

例 6：Questions were poured out to the teacher.

译文：学生们向老师提出了一大堆问题。

例 7：Merry Christmas to all our readers!

译文：祝全体读者圣诞快乐！

例 3 到例 7 中的"一排排""各""万""千""一大堆""全体"都是翻译时根据需要增加的词。

例 8：Men and nations working apart created these problems, men and nations working together must solve them.

译文：人们之间和国家之间离心离德会产生这些问题，人们之间和国家之间同心协力必定解决这些问题。

解析：句中 men 和 nations 都是复数名词，men 指"人们之间"，nations 则指"国家之间"，不可译成"人们和国家之间离心离德"。

英语名词的单复数是个比较复杂的问题，英译汉的时候一定要慎重考虑。

（三）用重复法翻译名词复数

为了加强名词本身或使译文明确、通顺，不至于造成逻辑混乱，常常采用名词重译的方法。

例1：They drove in a black car, past groves of birch trees and rows of new buildings.

译文：他们乘坐一辆黑色轿车，经过一丛丛白桦树和一排排新房子。

例2：His eyes were ringed in red, the evidence of fatigue and frustration.

译文：他两眼布满血丝，说明他身体疲乏，精神困顿。

值得注意的是，英语中有些名词的单复数形式，常常有不同的含义，在翻译中必须小心谨慎对待：compass（罗盘）—compasses（圆规）；advice（建议、通知）—advices（情报、报道）等，这样的词对很多，请看下面两例。

例3：To come to agreement on control and reduction of weapons between the countries is difficult, as it has been for so many years.

译文：正如多年来的情况所表明的，这些国家要在控制和削减武器方面达成一致，是很难的。

例4：These agreements, by themselves, have not ended tensions nor the risks of war.

译文：这些协议本身并没有消除紧张局势和战争危险。

第二节 副词的翻译

一、英语副词的翻译

英语副词是说明时间、地点、程度、方式等概念的词，一般情形下可以修饰动词、形容词、副词或全句，表示状况或程度。

（一）译成形容词

英语的动词在译成汉语的名词时，修饰该动词的副词经常可以转译成形容词。从词语层面上看，这是词性转换，也可以看作加词活译；从句子层面上看，这是分译技巧的应用。总之，修饰动词的副词经常可以转译成形容词。当然也有其他情形。

例1：This love story impressed us deeply.

译文：这个爱情故事给我们留下了很深的印象。

例2：Hopefully, it will be done early next month.

译文：下月初完成这项工作是大有希望的。

例3：Earthquakes are closely related to faulting.

译文：地震与断裂运动有密切的关系。

例4：It is demonstrated that gases are perfectly elastic.

译文：已经证实，气体具有理想的弹性。

例5：The president prepared meticulously for this journey.

译文：总统为这次出访做了十分周密的准备。

（二）译成动词

英语中的某些副词，如：on, off, up, in, out, over, behind, forward,

away 等，在与系动词构成合成谓语，或做宾语补足语，或做状语时，也可以向汉语的动词转换。

例1：Can you tell me what's on tonight?

译文：你能告诉我今晚上映什么吗？

例2：The average income of people this year is up by 20%.

译文：今年的人均收入上涨了20%。

例3：When I reached the cinema, the film was already over.

译文：当我到达电影院时，电影已经演完了。

例4：My parents and friends all went to the airport to see me off.

译文：我的父母和朋友都到机场去为我送行。

例5：Before long his thoughts were centered on the use of electric motor as driving power, instead of steam-engine.

译文：不久他就产生了用电动机代替蒸汽机的想法。

解析：像 instead 这样的副词本身的动作意味就很强，因此常常转译为汉语的动词。

（三）译成名词

主要指英语中一些具有名词语义的副词。

例1：The air conditioning unit is shown schematically on Page 2.

译文：第二页上所示的为空调装置的简图。

例2：Such details must be dimensionally correct.

译文：这些零件的尺寸必须准确。

例3：However, they have not done so well ideologically as organizationally.

译文：不过，他们的思想工作没有他们的组织工作做得好。

例4：The boy is physically weak but mentally sound.

译文：那孩子身体虽弱，但思想健康。

（四）译成代词

有些英语副词，如 here，there，在词义上相当于汉语代词，汉译时，可转换成汉语的代词。

例1：The food supply here is normal.

译文：这儿的食品供应正常。

例2：The tree there is dying.

译文：那儿的那棵树要死了。

（五）译成关联词

有些英语副词，如 only，even 等，具有关联意义，汉译时可转换为关联词语。

例1：We can detect the presence of an electric current only by the effects of what it produces.

译文：我们只有通过电流产生的效应才能发现它的存在。

例2：The earth's surface even in a flat country is curved.

译文：即使地势平坦的地区，地球表面也会是曲线型的。

（六）副词词序

副词词序的一般规律如下所示。

（1）频度副词一般放在动词之前。例如：

He always works hard.

I nearly forgot to post it.

（2）所有副词，除了特别强调，一般都放在 be 动词之后。例如：

She is always very happy.

He is seldom late for school.

（3）若有助动词，副词放在助动词和动词之间；若有两个助动词，副词介于两个助动词之间。例如：

I can never find my reference book.

I shall nearly have finished my homework by six o'clock.

（4）时间副词做状语时，可位于句首、句中或句尾。例如：

Recently they had an accident.

They recently had an accident.

They had an accident recently.

（5）方式副词做状语时，多置于句尾。例如：

He always drives carefully.

We all listened attentively.

（6）地点副词做状语多置于句尾。例如：

The porter will take your luggage upstairs.

I couldn't find it though I'd looked everywhere.

（7）副词做评注性状语，通常位于句首，常用逗号与句子隔开。例如：

Honestly, I think you are mistaken.

Briefly, she didn't want to speak to him.

二、汉语副词的翻译

汉语的副词是表示动作、行为、性质、状态等在程度、范围、时间、情态、频率、否定、语气等方面不同情况的词。副词主要用作状语，像"很、极"可以放在形容词后做补语。汉语的副词可以译成英语的副词、形容词、名词、动词、介词。

（一）译成副词

例1：由一根绝缘杆同时开动的三个移动触点断开和连接电路。

译文：Three movable contacts, actuated simultaneously by an insulated rod, open and close the circuit.

解析：原句中"同时"是副词，翻译成英语时用相同词性的 simultaneously 修饰动词 actuate。

例2：电流互感器在其二次侧产生一个尽量如实重演一次电流波形的电流是必要的。

译文：It is necessary that a current transformer reproduce in its secondary winding a current which duplicates the primary current waveform as faithfully as possible.

解析：原句中汉语副词"如实地"修饰动词"重演"，翻译成英语用副词 faithfully 修饰动词 duplicate，属于直译。

（二）译成形容词

例1：只要稍加修理，电脑就可以用了。

译文：With slight repairs, the computer can be reused.

解析：副词"稍加"修饰动词"修理"，这个动词在译文中变成了名词，因此，原来的副词译成了形容词 slight。

例2：在准备期末考试时，他们充分利用图书馆的书籍。

译文：When preparing for the term examination, they made full use of the books in the library.

解析：副词"充分"修饰动词"利用"，这个动词在译文中变成了名词，因此，原来的副词也就译成了形容词 full。

（三）译成名词

在有些场合，出于句法和结构上的需要，副词会被转译成英语句子中的名词。

例1：我们觉得难以解决这个问题。

译文：We find difficulty in solving the problem.

解析：副词"难以"被译成英语常用搭配 find difficulty in doing something 中的名词 difficulty。

例2：我幸运地遇到了他。

译文：I had the fortune to meet him.

解析："幸运地"被译成英语常用搭配 have the fortune to do something 中的名词 fortune。

例3：国家鼓励、引导国内外的经济组织和个人依法投资开发电源，兴办电力生产企业。电力事业投资，实行"谁投资、谁收益"的原则。

译文：The State encourages and guides legal investment in the development of power sources and the establishment of power production enterprises by domestic and overseas economic organizations or individuals. Investment in the power industry shall implement the principle of "whoever invests benefits".

解析：原句中副词"依法"被转译为形容词 legal，动词被转译为名词 investment。

（四）译成介词或介词短语

例1：还有盗匪——实在是最可怜的同胞，他们种地没的吃，有力气没处出卖，当了兵经常饿肚皮，无奈何只好出此下策。

译文：To complicate matters, there are bandits lurking around—those pitiful fellow countrymen who, unable to ward off starvation by farming or soldiering of whatnot, have been reduced to the disreputable business as a last resort.

解析：句中的"无奈何"译成了英语中的介词词组。

例2：我们必须广泛地利用现代科学技术的新成就。

译文：We must utilize the achievements of modern science and technology on a wide scale.

解析："广泛地"翻译成介词短语 on a wide scale。

例3：有几个男孩在城里到处乞讨。

译文：A few boys went begging about the town.

解析："到处"译成介词 about，以便同其后的名词 the town 搭配。

（五）译成动词

例1：在长期辛勤的研究中，他们成功地分解出两种物质。

译文：In the long and labourious search, they succeed in isolating two new substances.

解析：译文中把原句的副词"成功地"转译成动词 succeed，原句的动词"分解"译成了动名词 isolating 置于 succeed 之后。

例2：这位科学家去世后还在影响着科学的发展。

译文：The influence of the scientist on science continues after his death.

解析：副词"还在"译成了动词 continues。

第三节　形容词的翻译

英语形容词在句中主要做定语、表语、补语或状语，并且可以有三个等级的变化（原级、比较级和最高级）。但有些形容词在句中的作用是受到限制的，比如，以 a- 构成的形容词只能用作表语，不能用作定语等。汉语中的形容词做定语时没有什么限制，虽然也有三个等级的变化，但不是依靠自身的词形变化来实现，而是要借助其他副词（如"像……一样""更""比较""最"等）来实现。此外，英语的一些动词现在分词和过去分词也可作形容词使用，汉语则没有这种形式。因此，英语形容词的形式变化多样，表达形式较汉语复杂，翻译时应考虑汉语的习惯。

一、转换法

（一）英语形容词译为汉语动词

英语的形容词本身也能体现出具体的动作，如果形容词表现的动作十分传神，在翻译时也可以将形容词转译为动词，达到生动形象的表达效果。

例1：Mr. Bullock was a man of the world, and a junior partner of a wealthy firm. He knew what money was, and the value of it, and a delightful throb of expectation lighted up his little eyes...

译文：白洛克先生是见过世面的人，而且又在资本雄厚的公司里做小股东，知道金钱的好处和价值。他心里顿时生出希望来，喜欢得全身抖了一抖，小眼睛里放出光来……

解析：本句中，中心词throb转译为动词，delightful被译为行为"喜欢"，中心词倒成了补足成分："喜欢得全身抖了一抖"，译者以此强调了中心词信息，更凸显了形容词表达的信息，译文密集出现的行为动作使语言更具动态，表达生动。

例2：They are quite content with the data obtained from the experiment.

译文：他们满足于在实验中获得的数据。

例3：We are especially grateful to you for arranging the meeting for us with the Machinery Trading Delegation at such short notice.

译文：我们特别感谢你们在时间这么短促的情况下安排我们同机械交易团的成员们会面。

解析：例2、例3中的content和grateful两个词均为表示心理状态的形容词，在汉语中这两个词都暗含动作的概念，所以将其转译为汉语的动词。

例4：If low-cost power becomes available from nuclear plants, the electricity crisis would be solved.

译文：如果能从核电站获得低成本的电力，电力紧张问题就能得以解决。

此外，还有一些形容词短语，在句中做表语或定语时，也常常译为汉语动词。这类形容词短语有：absent from, adaptable to, beneficial to, harmful to, inferior to, superior to, fraught with, free from, adjacent to, analogous to, sensitive to, empty of, contrary to 等。

例5：We are all familiar with the fact nothing in nature will either start or stop moving of itself.

译文：我们都熟悉这样一个事实，自然界中没有任何物体会自行开始运动或自行停止运动。

（二）英语形容词译为汉语名词

有些形容词（包括做定语用的分词），有时因句中定语过多或出于修辞原因而必须译为名词。

例1：Computers are more flexible, and can do a greater variety of jobs.

译文：计算机的灵活性比较大，因此能做很多不同的工作。

例2：In the fission processes the fission fragments are very radioactive.

译文：在裂变过程中，裂变碎片具有强烈的放射性。

解析：例1、例2中的形容词"flexible"和"radioactive"均做表语表示主语的特征，翻译时须将其转换为汉语的名词"灵活性"和"放射性"。

例3：Both the compounds are acids, the former is strong, the latter weak.

译文：这两种化合物都是酸，前者是强酸，后者是弱酸。

例 4：The social scientists have a keen sense of the new and the old.

译文：社会科学家对新旧事物感觉敏锐。

解析：例 3、例 4 均为形容词加定冠词表示一类事物，因而需翻译成汉语的名词。

例 5：Since silver and gold are inconvenient to carry and to assay for purity and for weight, it became customary for each state to stamp out in coin form a specified number of ounces of gold carrying the seal of the state to guarantee purity and weight.

译文：由于携带金银以及给金银的纯度和重量进行鉴别均不方便，因此，以往通常的做法是，每个国家把特定数量盎司的黄金冲压成金币，同时印上该国的印记以保证纯度和重量。

二、增译法

有时为了准确地表达出形容词的含义，或者遵循汉语的表达习惯，需要补充出形容词实际所修饰的名词。

例 1：These early cars were slow, clumsy, and inefficient.

译文：这些早期的汽车速度缓慢，行动笨拙，效率不高。

例 2：An expensive failure can be made into an asset if you've learnt from it, but Monsanto still has some learning to do.

译文：失败的代价虽然昂贵，然而只要你能从中吸取教训，它也能化为一笔财富。不过，曼山托公司仍然需要总结教训。

在有些情况下，为了使译文生动活泼、表达形式丰富，可以借用汉语的叠词形式。

例 3：Her robe was of the palest blue silk with a few faint flowers on it.

译文：她穿着浅蓝色的绸衫，上面有一些淡淡的花儿。

例 4：Only very slight and very scattering ripples of half-hearted hand—clapping greeted him.

译文：欢迎他的只有几下轻轻的、稀稀拉拉、冷冷淡淡的掌声。

三、分译法

英汉两种语言的句子结构区别很大。英语重形合，句子结构主要靠语法手段进行搭架，结构严谨。句子以主语、谓语为基础，借助介词、连词、连接词或短语、关系代词和关系副词等一层层严密地把句子串起来，句中只能有一个谓语动词。汉语重意合，句子结构往往按照句内的逻辑、时间、空间和心理等顺序层层展开，一个句子可有多个动词连用。因此翻译英语时，需要把原文的某些成分单独拿出来翻译，译成汉语独立的句子，使译文意思简明，层次清楚，符合汉语表达习惯，这就是分译法。

例 1：He tossed himself about on a sleepless bed in pain all night long.

译文：他整夜痛苦地在床上辗转反侧，难以入眠。

例 2：John Henderson was driving home late last night from an exhausting business trip.

译文：约翰·亨德逊出差昨夜很晚才回来，到家时已筋疲力尽了。

例 3：There are some partly mechanized versions of the process, however, in which higher current and deposition rates can be used.

译文：但是这种（焊接）方法有些已经部分地机械化了，所以能使用较强的电流和较高的焊着率。

例 4：He spoke with understandable pride of the invention of the instrument.

译文：他谈到那种仪器的发明时很自豪，这一点是可以理解的。

解析：例3原文的形容词 higher 分译成"较强的"和"较高的"修饰电流和焊着率。例4的形容词 understandable 分译成了汉语复合句中的子句。

第四节 动词的翻译

英汉两种语言的最大差异之一，便体现在动词的运用上。汉语和英语相比，汉语动词灵活多变，具有极强的表现力，这有几方面的原因：第一，汉语属综合性语言，其动词没有形态变化，一个句子中可以连用几个动词；英语一般来说一个句子只有一个动词。第二，在英语中，许多名词、介词短语、副词等具有动词的特点。第三，汉语动词除可以做句子的谓语外，还可以做句子的定语、补语、主语、宾语；而英语的动词一般来说做句子的谓语。因此，翻译时，需要注意这些特点。

一、英语动词的翻译

（1）翻译一般现在时的谓语动词。

例1：Let's dress the kids or we will never be on time.

译文：让我们给孩子们穿衣服吧，否则我们决不会按时到达。

例2：A scrutiny reveals that the dyestuffs applied to the design are different from the ordinary ones. Special dyestuffs are required for printing the design.

译文：经研究证明，该花样所用染料与一般的不同，这就是说，以上花样需用特殊染料印制。

（2）省译联系动词。

例如：The search is on for less expensive materials to serve the purpose.

译文：正在寻找较便宜的材料来实现这一目标。

（3）省译某些行为动词。

英语中的某些动词在与含有具体动作意义的名词连用时，该动词常常被省略，以避免译文生硬。

例1：The power plant gives cities its constant supply of electricity.

译文：该电厂源源不断地向城市供电。

原句的 supply 虽然是名词，但具有动作意味。动词 give 不译不影响意思表达，如果译出反使句子不通顺，因此省译更好。

例2：Let's make an adjustment.

译文：让我们调整一下吧。

（4）译成名词。

英语中很多由名词派生的动词，以及由名词转用的动词，在汉语中往往不易找到相应的动词，这时可将其转译为汉语名词。

例1：These phases differ only in degree.

译文：这些阶段的差别仅是在程度上而已。

解析：动词 differ 译为名词。

例2：It is popularly supposed that certain cancers are not operable.

译文：普遍的假设是：若干癌是不能动手术的。

解析：将 It is popularly supposed 译为"普遍的假设是"，即将动词译为名词。

例3：The design aims at automatic operation, easy regulation, simple maintenance and high productivity.

译文：设计的目的在于自动操作，调节方便，维护简易，生产率高。

解析："aim"在英语中既可做动词，又可做名词，但在汉语中，"目的"一词只具有名词词性，因而这里须将其转译成名词才符合汉语的表达习惯。

例 4：Such materials are characterized by good insulation and high resistance to wear.

译文：这些材料的特点是绝缘性好，耐磨性强。

解析：动词"characterize"为名词"character"添加后缀"-ize"演变而成，因而翻译成汉语时须还原为名词含义"特点"。

例 5：Formality has always characterized their relationship.

译文：他们之间的关系，有一个特点，就是以礼相待。

解析：由名词派生的动词 characterize 转译为名词"特点"。

例 6：Satellites, however, must be closely watched, for they are constantly being tugged at by the gravitational attraction of the sun, moon and earth.

译文：由于经常受到太阳、月亮以及地球引力的影响，卫星活动必须加以密切的观察。

解析：被动语态的 be watched 和 being tugged at 分别转译为"加以……观察""受到……影响"。

二、时态的翻译

在现代英语中最常用的时态有五类，即一般现在时、一般过去时、一般将来时、现在进行时和现在完成时，英语的时态变化是通过使用不同的助动词或动词的词形变化来实现的；而汉语的时间概念是利用时间副词和少数助词来实现的，只能利用时间副词"现在""将来""正在""曾经""经常"等及助词"若""过""了"来表示不同的时间概念，因此在英译汉过程中可以灵活对待。下面分别讨论这五个时态的译法：

（一）一般现在时

一般现在时主要表示经常性的动作或现在的特征或状态，还可用来表示普遍真理。一般现在时还可以用在条件和时间状语从句中表示将来的动作，用来代替一般将来时。

谓语动词一般采用直译的方法，有时还可以在动词前用"可以……""会……"等。

例1：Electricity plays a very important role in our daily life.

译文：电在我们日常生活中起着十分重要的作用。

例2：Every pump draws 8 cubic meters of water per second.

译文：每台抽水机每秒钟可以抽水8立方米。

例3：Heat transfer coefficient comprises convective and radioactive components.

译文：传热系数由对流成分和辐射成分组成。

例4：He always complains about the food in the dinning hall.

译文：他总是抱怨餐厅的食物。

一般现在时如果与always, often, seldom, every day/week/month/year等词连用，汉译中通常对等译出"总是""经常""很少""每天／周／月／年"等。

（二）一般过去时

英语一般过去时表示过去的动作或状态，即过去经常发生的或反复发生的动作和延续性状态。可采取直译，在动词前后添加"已""曾""过""了"等字，或在句首添加"以前""当时""过去"等时间副词。

例1：There was expected to be a radial electrostatic field near the earth's surface.

译文：当时预期在地球表面附近有一径向静电场。

例2：He developed a computer model based on the data accumulated in these studies.

译文：他根据研究中积累的数据研制了一个计算机模型。

例 3：This was actually the method used by people in the early days.

译文：这实际上是人们早先使用的方法。

（三）一般将来时

一般将来时态表示将要发生的动作或存在的状态。翻译这种时态时，大都可以在动词前面添加"将要……""会……""便""就"等词。

例 1：This chapter is going to discuss bidding strategies under power market.

译文：这一章将要讨论在电力市场环境下的报价策略。

例 2：An insufficient supply of air will prevent complete combustion.

译文：空气供应不足将会妨碍完全燃烧。

例 3：The cyclones will make the removal efficiency increase.

译文：旋风分离器会使得分离效率得以提高。

（四）现在进行时

现代英语中最常见的是现在进行时。译成汉语时，通常要添加"正""在""正在"等字样，有时也可在动词后面加上助词"着"字。

例 1：Two spacecrafts are being launched to probe the atmosphere of Venus.

译文：将发射两个宇宙飞船来探测金星的大气层。

例 2：Since 1964, Alcan has been using digital computers to help control and optimize the output of its various processes.

译文：自 1964 年以来，加拿大铝业公司一直在利用数字计算机来帮助控制公司的各种生产过程和使该过程的生产最佳化。

例 3：The time when we can make a wide use of atomic energy is coming.

译文：我们能够广泛利用原子能的时代正在到来。

（五）现在完成时

翻译现在完成时，可在动词前面添加时间副词"已经"和在后面添加助词"了"、"过"或者"过……了"。

例1：It has become in the operation of monopolar cells standard practice to operate them with the electrolyte flowing in series.

译文：在单极电解槽的操作中，在电解质顺序流动的情况下进行操作已经成为标准工艺。

例2：Scientists of the University of California in Berkeley have made the first photograph.

译文：加利福尼亚大学伯克利分校的科学家们拍摄了第一张显示液态电的照片。

三、虚拟语气的翻译

虚拟语气用来表示说话人的主观愿望或假想，而不表示客观存在的事实。虚拟语气分为未定虚拟语气和纯粹虚拟语气，前者用于真实条件句，后者用于非真实条件句。纯粹虚拟语气是通过谓语动词的词形变化实现的，而汉语没有词形变化，只能通过一些连词和副词来表达"虚拟"的含义。

例1：It is used in this way, it will break.

译文：这样使用的话，它就会断裂。

It were used in this way, it would break.

译文：如果这样使用的话，它就会断裂。

例2：What happens if we place a coil of wire in the circuit?

译文：我们在线路中放一个线圈，会发生什么情况呢？

What could happen if we placed a coil of wire in the circuit?

译文：我们在线路中放一个线圈，可能会发生什么情况呢？

解析：例1、例2中，第一句都是未定虚拟语气，第二句是纯粹虚拟语气，在英语中可以根据时态的使用来区分，但在汉译时却不能通过谓语动词时态的变化来区分。

（一）虚拟条件句及其翻译

虚拟条件句，即非真实条件句中，条件从句及主句所用谓语动词的形式，根据时态的不同，可以分为三种：与现在事实相反，与过去事实相反，与将来事实相反。

（1）表示与现在事实相反的英文句子在汉译时译文中通常要使用表示假设的连词"如果……（是）"，在表示结果或者推论的主句中须使用"就""（不）会""也许（不）"等词来表达虚拟语气。

例1：If I were the manager, I should have one day off for everyone in the company.

译文：如果我是经理，我就叫公司里的每个员工休假一天。

例2：I would write a new book if I had time.

译文：如果我有时间，我就会再写一本书。

例3：If the teacher were here, he would tell you the exam result himself.

译文：如果老师在的话，他会亲自告诉你考试结果的。

（2）表示与过去事实相反的英文句子在汉译时，译文中条件从句中的动词用"如果，假如，倘若，要是"，并常用助词"了""过"辅助；主句中的动词用"就，就会，就可以；本来，原来；本可以……的；本来是会……的"。

例1：If her mother had taken the doctor's advice, she would/might have got well earlier.

译文：如果她母亲当时遵照医嘱，她本来可能会早点康复的。

例 2：I could have done better if I had been more careful.

译文：我当时要是小心些，我本来会做得更好。

例 3：If you had come ten minutes earlier, you would have seen the film actress.

译文：你要是早来 10 分钟，你就见到那位电影女明星了。

例 4：I should have had trouble recognizing my own work if it had been played by you.

译文：如果由你来演奏，我就会连自己的作品都听不出来了。

（3）表示与将来事实相反的英文句子汉译时，译文中条件从句中的动词用"如果，假如，倘若，只要，要是"，主句中的动词用"就，就会，就可以，就会是……了"。

例 1：If our train were to arrive before three, we should have time to visit Notre Dame.

译文：只要我们的火车在下午三时以前到达，我们就会有时间参观一下巴黎圣母院。

例 2：If the mail were to be delivered by air, it should arrive within 2 days.

译文：倘若邮件用航空快递，它就会在两天内送达。

（4）省略 if 的虚拟条件句的用法。

在正式文体中，有时可把虚拟条件句中的连词 if 省去，而将 were，had，should 等助动词（不包括行为动词）提到主语前面，形成主谓倒装。如果句中没有 were，had 或 should，既不能省略，也不能倒装。

例 1：Were I to meet him tomorrow(=If I were to meet him tomorrow)，I should ask him about it.

译文：要是我明天见到他，我就会问他这件事的。

例 2：Had I had the money last year（=If I had the money last year），I would have bought the house.

译文：如果我去年有了这笔钱，我就买那栋房子了。

例 3：Should there be any trouble with the boiler, the automatic controlling unit would cut off the fuel oil supply.

译文：假如锅炉出问题的话，自控装置会自动切断燃油的供给。

（5）suppose，supposing（that）通常用于引导虚拟条件句，相当于连词 if。但由 suppose, supposing 引出的条件从句总是在句首，翻译时可以直译成"假如""如果"等。

例 1：Suppose you were given a chance to study abroad, would you accept?

译文：假如给你一个到国外学习的机会，你会接受吗？

例 2：Supposing you were left alone on an island, what would you have to do to keep alive?

译文：假如你孤独一人留在岛上，你将怎样生存？

（二）一些从句中的虚拟语气及其翻译

（1）wish 后接 that 宾语从句表示一种不可能实现的愿望，如果假想的情况与主句主语的愿望同时发生，则从句谓语动词用过去时，be 动词用 were。

例 1：I wish（that）I were a freshman again.

译文：我希望我再是一年级大学生就好了！

例 2：I wish I had not wasted my time when I was young!

译文：如果我在少年时没虚度光阴就好了！

例 3：I wish it would clear up soon.

译文：我希望天会晴朗。

例4：I wish I were ten years younger.

译文：我年轻十岁就好了。

例5：We wished we could fly like birds.

译文：但愿我们能像鸟一样飞。

例6：How I wish I didn't have so much homework.

译文：我多么希望我没有那么多的作业。

（2）在一些表示建议、请求、命令等含义的动词后面的宾语从句中，谓语动词用虚拟语气"should+动词原形"。但should常省略，而只用动词原形。这些动词包括insist, order, recommend, propose, urge, vote, decide, command, demand, request, ask, suggest等。这类英语句子翻译成汉语时可以直接按照字面意思翻译。

例1：The manager ordered that the meeting be postponed to next Friday.

译文：经理指示会议延迟到下星期五召开。

例2：The board recommended that the candidate from Egypt be put up.

译文：委员会建议推举埃及的候选人。

例3：The doctor suggested that the patient stop smoking.

译文：医生建议病人停止吸烟。

（3）在某些"It+be+形容词+that从句"的句型中，that引导的主语从句中谓语动词用动词原形表示虚拟语气。这些形容词包括necessary, essential, advisable, desirable, reasonable等。这类英语句子翻译成汉语时依然直接按照字面意思翻译。

例1：It is necessary that the results of an experiment be checked.

译文：必须对实验的结果进行核对。

例2：It is essential that every child have the same educational opportunities.

译文：重要的是每个孩子都享有同样受教育的机会。

（4）suggest，insist，demand，propose，require，ask，advise，order，request 等动词表示强烈的主观色彩，后面的宾语从句中谓语动词用另一种形式的虚拟语气：（should）+ 动词原形。

例1：The officer ordered that his troops（should）move on to the front.

译文：军官命令他的部队开往前线。

例2：They require that visitors（should）not smoke in the workshop.

译文：他们要求参观者在车间不吸烟。

虚拟语气同样适合于上述宾语从句转换生成的主语从句、表语从句和同位语从句。

例3：It is suggested that everyone（should）give a talk at the meeting.

译文：有人建议每个人在会上发言。

但注意当 suggest 作"暗示，使人联想起"解，以及 insist 作"坚持认为一种状态或以往的事"解时，后接宾语从句仍用直接陈述语气。

例4：He suggested that we（should）offer help to the disabled.

译文：他建议我们为残疾人提供帮助。

例5：His puzzled expression suggested that he didn't understand them.

译文：他疑惑不解的表情表明他不理解他们。

例6：I insisted that the boy（should）wash his hands before having supper.

译文：我坚持要那个孩子晚饭前洗手。

例7：I insisted that I had not been late that morning.

译文：我坚持说那天早晨我没有迟到。

第六章 跨文化传播背景下英汉句式翻译实践

第一节 句子层面上的翻译

一、主语的翻译

在句子的翻译中，我们不仅要翻译好每个词汇，有时还需要对整个句子的结构成分进行必要的调整甚至加工，只有如此，才能产生忠实通顺的译文。而调整加工的第一步，自然是主语。

（一）英汉语言在主语表达方面的差异

要写出地道的英语句子，必须对英语和汉语在主语表达上的差异有所了解。一般来说，汉语句子的主语从宏观上来讲有两个特点：第一，大多数的主语都是直接、具体、明晰的行为主体。第二，有的时候行为主体是不言而喻的，于是干脆被省去，造成了汉语中独特的"无主语"的现象。相比之下，英语表达思维的时候更为灵活，从而也出现了大量的非行为主体构成的主语，使英语的主语在表意方面具有多样化、抽象化的特点。具体来说，英汉主语在意义表达上最明显的区别就是抽象与具体、静态与动态的区别。

（1）抽象与具体。英语句子常用表示抽象意义的词汇做主语，而汉语句子的这种情况就比较少。所以在英译汉中经常要对这样的主语进行调整改动。

例1：The highlight of the evening, however, is Joanna.

译文：然而，那晚最引人注目的人物是乔安娜。

例2：Tensions could peak within the next few weeks and no one could see light at the end of the tunnel.

译文：在未来的几周内，紧张局势可能达到顶点，没有人能看清事态发展的前景。

例3：Although he introduced many improvements for this organization, his greatness was not recognized.

译文：虽然他为该公司做了多项技术改进工作，但他的卓越才能并未得到赏识。

例4：Preparations for the summit meeting continued.

译文：首脑会议的准备工作继续进行。

例5：The greatness of his thoughts had not been recognized until 1960s.

译文：直到20世纪60年代人们才开始认识到他的思想的伟大之处。

解析：以上英文例句中都没有用比较具体的"乔安娜""人们"做主语，而是用了比较抽象的主语 the highlight 跟 the greatness，这更加符合英语的表达习惯。

（2）静态与动态。在英语句子中，以静态面孔出现的主语也比汉语多。例如：

例1：The realization of the plan will greatly enhance the welfare of the people.

译文：一旦这个计划实现，它将大大提高人民的福利。

例2：The reduction of the work force may have caused the dissatisfaction.

译文：裁员可能引起了人们的不满。

例3：His failure made a mockery of the teacher's great efforts to help him.

译文：由于他考试不及格，老师辅导他的一番心血也白费了。

例 4：A very little encouragement would set him to pour out all within him.

译文：稍微助助兴，他便会把一肚子的话和盘托出。

（二）主语句的分类与转换

根据主语的逻辑意义，英语主语一般可以分为主体主语、属体主语和性状主语。

（1）主体主语指的是事物的主干部分作为句子的主语。

例如：He had lost his temper and his health in India.

（2）属体主语指的是事物的从属部分作为句子的主语。

例如：My hand was always the first to be raised.

（3）性状主语指的是事物的性质或者行为的方式作为主语。

例如：Barely did his sense of humor desert this noble man.

1. 主体主语与属体主语转换

英语语篇中，有时一个语篇描述一个人或事物，开始以主体主语切入，然后又转换成属体主语描述，或相反。在翻译此类语篇时，汉语往往将属体主语转换成主体主语，或将主体主语转换成属体主语。

例 1：Miss Lin majored in Accounting at Zhejiang Gongshang University from 1996—1999. She was a top student in her class. Her scholastic performance was excellent, and her participation in other activities was equally notable.

译文：林小姐于 1996 年至 1999 年在浙江工商大学攻读会计学专业，是班上尖子生，学习成绩优秀，各种活动积极参加，表现突出。

解析：原文以主体主语"she"开始语篇，然后出现属体主语"her"。但在翻译时，将属体主语转换成主体主语，让"她"统辖整个语篇，连贯到底。

例 2：In his work, my father held to a clear, high color key, concentrating on spring and autumn landscapes when the country was most colorful, devoting the rest of his time to portraiture and teaching.

译文：父亲的作品保持着纯净的风格。春秋两季乡间色彩最鲜艳的时候，他就专画风景，其余时间则画人像、教书。

解析：这段汉语译文中，把原来的一个主语 my father 变成了两个——"父亲的作品"和"他"，突出主题，符合汉语的习惯。

例 3：She was as white as snow, as pink as apple-blossom, and her hair shone like sunbeams. She became an attraction wherever she went.

译文：她的皮肤雪白，脸颊泛起苹果花似的粉红，头发散射出阳光般的金色。无论她走到哪里，都成为一道风景线。

解析：根据原文所表达的内容，将"she"转换成"她的皮肤""她的脸颊"，与后面的"她的头发"在结构上平行一致，使语义得以加强。

2. 主体主语与性状主语转换

英语常用一些性状形容词来描述主体主语，但在汉语中，常用性状形容词来描述性状主语。因此英译汉时，根据需要将主体主语转换成性状主语。

例 1：The baby had a good appetite and a sound sleep. He doubled his weight and was 7 centimetres taller in 3 years.

译文：那个小孩吃得好睡得香，三年中他的体重增加了一倍，身高增高了 7 厘米。

解析：译文将第一句的主体动作作为原因，第二句主体改变为其性状作为结果更符合汉语的叙事方式。

例 2：She was so modest, so expressive, she had looked so soft in her thin white grown that he felt he had acted stupidly.

译文：她的举止那样娴雅端庄，她的言辞那样意味深长，她身穿白色外套，形态那样和蔼可掬，因此，他觉得，他刚才的所作所为真是太愚蠢了。

解析：译文的"她的举止""她的言辞""形态"均由"she"这一主体主语转换而来，这一转换使篇章意义更加连贯。

例3：The newcomer was an old classmate who had been my colleague when I was a teacher, and although he had changed a great deal I knew him at a glance. Only he had become very slow in his movements, quite unlike the spry dynamic Stevenson of the old days.

译文：刚来的这个人分明是我以前的同窗，也是我教书时的同事，他的模样虽然改变了不少，但我还是一眼就认出来了。只是他的举止变得特别徐缓，与当年那个精悍敏捷的斯蒂文森判若两人。

解析：原文中两个"he"所表达的实际上是两个具体的不同的性状主语，引出不同的判断结果。如果都按"他"译出，前后语义就自相矛盾了。所以将"他"转换成"他的模样"和"他的举止"，语篇的语义就不矛盾了。

二、谓语的翻译

英语句子和汉语句子在谓语表达方面有极其明显的差异。最主要的是时态和语态的差异。英语句子有时态，可以表达动作发生的时间关系，而汉语句子则需要依靠一些虚词来表达时间关系；英语句子有固定的被动语态，而汉语句子表示被动意义则用"被""受""遭到"等词语来表达。另外由于搭配的差异，谓语和主语一样，两种语言在动静表达方面也不尽相同。

（一）语态的翻译

英语中被动式句子结构使用范围很广。汉语中虽然也有被动句式，但使用范围远不及英语。英汉语言的这种差异，常使英语被动式句子译成汉语时在句式上并不完全一致。

在实际的翻译中，对于被动句的处理不外乎两种，第一种是翻译成主动句，第二种是翻译成汉语的被动句（包含有"被""受""由""让""予以""加以"等词语的句子）。

1. 翻译成主动句或无主句

英、汉两种语言在语法上有很大差异，汉语很少使用被动句，因此在翻译时常将英语的被动句译成汉语的主动句，主语常常省略。

例1：That's never been done. However, if you, as the representative of your firm, want to visit one of our factories, it can probably be arranged.

译文：还没有这样的先例，不过，如果您作为贵公司的代理，想参观我们一个工厂，也许倒也可以安排。

例2：All this year's new models are displayed at the motor show.

译文：汽车展览会上展出了今年所有的新款车。

例3：The trade gap for the year is expected to reach an unprecedented $130 billion.

译文：今年的贸易差额可望达到前所未有的1300亿美元。

例4：The infantry was provided with the best weapons and with the strongest young soldiers as well.

译文：步兵部队不但得到了最好的武器装备，而且还得到了最强壮的年轻士兵。

例5：Then the monkeys were trained according to different plans so as to make them highly individual.

译文：然后根据不同的计划对猴子进行训练，使它们具有截然不同的个性。

例6：Nixon was greatly impressed by Stassen's firm handshake.

译文：史塔生紧紧和他握手，尼克松对此印象很深刻。

2. 翻译成被动句

虽然汉语多用主动句，但并不意味着汉语无被动句，换言之，若英语被动句译为汉语被动句意义更流畅时，应优先考虑译为被动句。当英语被动句在语义上着重谓语动词本身时，可用汉语的被动结构来翻译，以突出原句的被动意义。汉译时，原文句子的主语一般仍译作主语，在谓语动词前加"被""给""让""受""为……所""使""由"等来表示被动意义。

例1：The novel I had thrown away was chosen by the Book Society.

译文：我一度扔掉的那部小说后来被书社选中了。

例2：If this suggestion is accepted, it should not be considered as a precedent.

译文：如果此建议被接受，以后不得引以为例。

例3：The credit system in America was first adopted by Harvard University in 1872.

译文：美国的学分制是1872年在哈佛大学首先实施的。

例4：They would not be conquered and enslaved without a struggle.

译文：他们不愿不做斗争就被征服并沦为奴隶。

例5：Any minute we would surely be spotted by enemy planes flying in and out of the airfield.

译文：我们随时都会被出入机场的敌机发现。

例6：I started to explain that I could not do my best since my spectacles had been taken away from me, but she wouldn't let me finish.

译文：我开始解释，我不可能干得很好，因为我的眼镜被拿走了，但她不准我讲完。

（二）动静的表达

我们已经讲过，英汉两种语言比较起来，前者静态句子居多，后者动态句子居多。所以在翻译的时候就要有意识地利用这一特点，做到译文的文通字顺。例如：

例1：I am doubtful whether he is still alive.

译文：我怀疑他是否还活着。

例2：The teacher thanked her pupils because they are very cooperative.

译文：学生合作得很好，老师向学生表示感谢。

例3：The whole city is in holiday carry.

译文：整个城市披上了节日盛装。

例4：The language of the poem is colloquial, yet it is deep in its understanding of human emotions.

译文：该诗的语言虽然很通俗，但对人的感情的揭示却有深度。

例5：My uncle will be seventy tomorrow.

译文：我叔叔明天就满70岁了。

例6：Our hearty desire is the establishment of a lasting peace.

译文：我们的衷心愿望是世界持久和平。

三、定语的翻译

英汉两种语言在定语方面的区别是比较大的。首先是位置问题，英语中的定语可以放在被修饰名词的前面或者后面，而汉语的定语一般只放在被修饰名词的前面。其次是在数量方面，英语中修饰一个名词的定语可以有几个，而在汉语中，放在名词前面的修饰语数量较少，更多的情况是放在名词后面起说明作用。因此在翻译实践中，要经常考虑到调整定语顺序的问题。常见的定语从句的翻译方法有以下几种：

（1）较短的定语从句（主要指限定性定语从句），一般译成汉语定语，置于被修饰词之前。限定性定语从句具有两个特点：在形式上，从句与被修饰的名词之间通常没有标点符号相隔；在意义上，从句是先行词不可缺少的定语，如果去掉，会造成先行词指代不明或主句的意义不完整。

例1：I still remember the days when l was in hospital and you looked after me very well.

译文：我还记得在我住院的那些日子里，你把我照料得很好。

例2：Do you remember the girl who taught us English?

译文：你还记得教我们英语的那个女孩吗？

例3：They have fostered several youngsters who had no home to go to, till they got started in the world.

译文：他们抚养了几个无家可归的少年，直到他们开始在社会上自立。

例4：The moon is a world that is completely still and where utter silence prevails.

译文：月亮是一个声断音绝的世界，是一个万籁俱寂的世界。

例5：He liked his sister, who was warm and pleasant, but he did not like his brother, who was aloof and arrogant.

译文：他喜欢热情活泼的妹妹，而不喜欢冷漠高傲的哥哥。

（2）较长的定语从句，特别是非限定性定语从句，一般译为句中的某个成分或并列结构，置于被修饰词之后。这里需要注意的是，当译为并列分句时，一般要重复关系代词所代替的词，有时也可以在此词之前添加指示词"这""这些"等，使译文意思清楚明确。非限定性定语从句与主句的关系松散，它只是对句子起到解释和补充的作用。即使取消从句，对主句的语法完整性也不产生大的影响。

例1：I had been working at an international clinic in Beijing and so had heard about the many expatriates who drink or find other ways to deal with their anguish or unhappiness in China.

译文：我曾在北京的一家国际诊所工作过，听说有很多外国人酗酒或寻找其他方式来发泄心中的烦恼与不快。

例2：But world attention also is focusing on another step, which will make the smoker increasingly self-conscious and uncomfortable about his habit.

译文：同时，人们也正把注意力集中在另一项措施上，这项措施将使吸烟者越来越意识到自己的不良习惯并为之感到不安。

例3：My heart is full of happiness, which I like to share with others.

译文：我心中充满了快乐，想与人分享。

例4：Days and nights are very long on the moon, where one day is as long as two weeks on the earth.

译文：在月球上，白天和黑夜都相当长，月球上的一天等于地球上的两周。

（3）用作定语的小句子叫作定语从句。定语从句用来修饰或限制名词或代词，被定语从句修饰的名词或代词叫作先行词。在英语中，一些定语从句，常常具有时间、原因、目的、结果、条件、让步等意思，起相当于状语从句的作用。汉译时，一般需加上相应的词语，译为各种相应的偏正复句，表达其相应的状语意思。

例1：We engage professor Wang, who understands English.

译文：我们聘请王教授，因为他懂英语。（表示原因）

例2：He is collecting authentic material that proves his argument.

译文：他正在收集确凿的材料以证明他的论点。（表示目的）

例3：The rain washed away the track, which prevented the train from running.

译文：大雨冲走了铁轨，因而火车无法行驶。（表示结果）

例4：A person is an idealist who thinks that rational knowledge need not to be derived from perceptual knowledge.

译文：如果认为理性知识可以不从感性知识得来，他就是一个唯心主义者。（表示条件）

例5：Electronic computer, which have many advantages, cannot carry out creative work and replace man.

译文：电子计算机虽然有许多优点，却不能进行创造性的工作，代替不了人。（表示让步）

例6：You, who are in the prime of your life, come forth with greater contributions for the benefit of the people!

译文：趁你年富力强的时候，为人民做出更多的贡献吧！（表示时间）

四、句子的修饰

这里讲句子的修饰，指的是在正确理解句子的基础上，为了使译文表达通顺而采取的剪裁、衔接手段。所谓剪裁，就是把原句的物质信息按照汉语习惯进行裁剪或者拼接，这里主要指句子的分合；所谓衔接手段，指的是使句子各成分之间建立密切联系的手段。英汉两种语言句子的衔接手段大同小异，经常使用的有：形合和意合、增减、重复和省略等。这些衔接手段是英汉两种语言所共有的，但是在翻译中由于上下文和习惯的关系，并不见得都要一一对应，有的时候需要互相调整替换。比如原文省略了的词语需要用重复或者增译的手段进行填补，而原文重复的词语有的时候又需要省略加以处理。总之，目的只有一个，那就是使译文通顺流畅。

（一）句子的分合

英语句子形态严谨，句与句之间连接紧密，具有形态标记。这使得英语句子呈现树状结构，分支多而不乱。而汉语句子形态松散，连接不紧密，呈流水线型。也就是说，汉语语句以意义终结为断句依据，而英语则以形态结构完整为断句依据。这使得在英汉互译时，须根据具体情况进行句子分合。

1. 句子的拆分

句子的拆分是指为了更好地表达原文中的修饰部分或附加部分，把它们从原文中拆分出来翻译。拆句的时候要按照一定的原则进行合理的断句，意思上要连贯、完整。

例 1：For along time, they had a cold welcome to those who raised different ideas, but now that welcome is absolutely disappearing.

解析：此处 cold welcome 不好译，而将 cold 一词拆出来译，效果会好些。此句可译为："长期以来，他们对提出不同意见的人持欢迎态度，尽管这种欢迎有些冷淡；但如今那种欢迎态度正在彻底消失。"

例 2：But the significant thing is not the behavior of the players but the attitude of the spectators , and, behind the spectators, of the nations who work themselves into furies over these absurd contests, and seriously believe—at any rate for short periods that running, jumping and kicking a ball are tests of national virtue.

解析：这一句话很长，从哪儿分开会比较方便汉语的表达呢？看句中的两个 and，能否从这儿断开呢？本句的主干是：the thing is not..., but the attitude of..., and of...; work 和 believe 是并列的。所以，本句可译为："然而使人深思的不是运动员的表现，而是观众的态度，还有在观众背后对这些可笑的比赛表现狂怒的国家的态度。他们还真的相信，跑、跳和踢球是对国民道德的检验，无论如何短时间内他们是这样认为的。"

2. 句子的组合

例1：They sat down in the waiting-room to do some reading. People came to and from there.

译文：他们在人来人往的候车室里坐下来看点儿书。

例2：She went back home to take care of her husband. He was seriously ill.

译文：她回家去照料病重的丈夫。

例3：The young man was very miserable. He had no money about him. All his savings had been stolen.

译文：这个年轻人很惨，已到了身无分文的地步，因为他所有的积蓄都被偷走了。

例4：It was April 1945, The Second World War was coming to an end.

译文：1945年4月，第二次世界大战已接近尾声。

例5：Her father became the mayor of the city. He was a murder in the Second World War.

译文：她的父亲，第二次世界大战中的一个杀人凶手，竟当上了这个城市的市长。

（二）形合和意合

美国著名翻译理论家奈达曾说过："就汉语和英语而言，也许在语言学中最重要的区别之一就是形合与意合的差别。"① 所谓"形合"是指语句各成分的相互结合常用适当的连接词语或各种语言连接手段，以表示其结构关系，英语注重形式（形合），因此句子之间大量使用各种关系词（when，which，

―――――――――――
① 金隄，奈达：《论翻译》，中国对外翻译出版社出版1984年版。

whose, why, where, how, what）和连接词（and, but, or, as well as, so...that, unless, not only...but also）等。注重形合的语言具有准确、具体、写实、逻辑性强等特点。所谓"意合"是指句中各成分之间或句子之间的结合多依靠语义的贯通，少用连接语，所以句法结构形式短小精悍。汉语注重意合，不大喜欢用没有实际意义的虚词，只是把事情和意思连接起来，词句之间的关系在不言之中。注重意合的语言比较模糊、含蓄、写意，关系微妙，只可意会，不可言传。

例1：Children will play with dolls equipped with personality chips, computers with inbuilt personalities will be regarded as workmates rather than tools. Relaxation will be in front of smell-television, and the digital age will have arrived.

译文：儿童将与装有个性芯片的玩具娃娃玩耍，具有个性内置的计算机将被视为工作伙伴而不是工具，人们将在能发出气味的电视前休闲，到那时数字时代就到来了。

解析：上述例子由四个独立句构成并列句，句子间的关系通过时态、逗号和并列连词"and"表述得一清二楚。而汉译则变成了简单的叙述，句子间的关系是完全通过句子的语义表现出来的：前三个句子为并列关系，最后一个句子则表示结果。

例2：①我们相信他所说的，②因为他受过良好的教育，③出生于受人尊敬的家庭，④更重要的是他为人可靠，⑤这些因素虽不能作为判别是非的标准，⑥但也是重要参数。

译文：We convinced of what he said because he is well educated, he was born into a respectable family and more important, he is reliable. Although these factors cannot serve as criteria to determine what is right and what is wrong, they are important parameters in making decision.

解析：整个句子分为两个语法层次，①和②句之间是因果关系，②和③句之间是并列关系，而③和④句之间是递进关系，④和⑤句之间为因果关系，⑤和⑥句之间是转折关系，这些语法关系更多地依赖逻辑纽带或语序间接地表现出来。而在这个句子的英译里，"because"、"although"和"and"等连接词清晰地表现出各个小分句之间的关系。

五、特殊结构的翻译

（一）比较结构的翻译

英语中，比较结构的句型复杂，表现形式多样。在翻译的时候，需要仔细分析，在准确理解的基础上，才能进行贴切的表达。所以，从理解与表达的角度来看，比较的形式是次要的，真正重要的是意义上的比较。只要意义上表示比较，就属于比较句式。常见的比较结构的意义很容易理解，所以也比较容易翻译，如：I am taller than he.（我比他高。）因此，这里不再叙述基本比较结构的翻译方法，而主要介绍在意义上容易混淆的比较结构的翻译。

1.as...as 结构

这种结构的基本模式是：A+be（not）+as+adj（adv.）+as+B，通常情况下 A 和 B 的比较项目相同。

例1：John is as bright as Bob.

译文：约翰和鲍勃同样聪明。

例2：The girl was as brilliant as she was beautiful.

译文：那位姑娘既聪明又漂亮。

例3：The young man is not so wise as he is handsome.

译文：这位年轻人虽然英俊，但并不那么聪明。

另外还有一种情况就是主语不同，比较的对象也不同。

例 4：His uncle was as base and unworthy as his father had been upright and honourable.

译文：他的叔叔卑鄙龌龊，不像他父亲那样为人正直诚实。

另外还有 not so much as，more...than...，rather...than... 等句式，意思是"与其说……不如说……"。

例 5：She is as much interested in music as ever.

译文：她和以前一样对音乐感兴趣。

例 6：The economic development in our country is as stable recently as formerly.

译文：最近，我国的经济发展和以前一样稳定。

2.more than 结构

more（less）...than... 结构中的 more（less）表示形容词或者副词的比较级；than 是一个连词，后面跟一个句子，由于谓语常常是一致的，所以 than 后面的句子常用省略式，这种结构一般可以译为"更加""还要（好）"等。另外，这个结构有一个变体，即形容词比较级 + 名词 +than 分句。这个结构的另外一个变体是 the+ 形容词或副词比较级 +of 词组：John is the brighter of the two boys. 另外请注意 more than 连用时表示强调的情况。

（1）more than 后面接数词，表示"多于……，……以上"的意思。

例 1：I have known him for more than twenty years.

译文：我认识他已经有二十多年了。

例 2：I have more than ten dollars in my pocket.

译文：我口袋里还有十几美元。

（2）more than 后面接名词或者动词，表示"不只是……"的意思。

例 1：He is more than a father to her.

译文：他待她胜过他父亲。

· 173 ·

例2：He more than smiled, but laughed.

译文：他不只是微笑，而是放声大笑。

（3）more than 后面接形容词、副词或者分词，表示"极其，非常"的意思。

例1：She was more than kind to us.

译文：她对我们非常友好。

例2：He was more than upset by the accident.

译文：这个意外事故让他非常痛心。

（4）more than...can... 则表示"难以……，完全不能……"的意思。

例1：That is more than I can understand.

译文：那件事情，我实在是不明白。

例2：The cold was more than the children could bear.

译文：寒冷是孩子们所不能忍受的。

（二）倒装

倒装（Inversion）是指将整个谓语置于主语之前或只将助动词置于主语之前所形成的语序。整个谓语放在主语之前构成的倒装叫全部倒装（Complete Inversion，Whole Inversion 或 Full Inversion）；只将助动词置于主语之前，而主要谓语仍保留在主语之后所形成的倒装句式，称为部分倒装（Partial Inversion）。形成强调语势是主谓倒装的原因之一。

主谓倒装现象中有三点需要格外注意：（1）全部倒装、部分倒装的概念及构成特点。（2）全部倒装、部分倒装形成的前提，即在什么情况下需要全部倒装、部分倒装。（3）在倒装结构中要格外注意主谓在数上的一致。

经常使用倒装而又容易引起翻译失误的场合有以下两种情况：

其一，当句首状语为方位词或者方向词，谓语为 go、come 等表示位置转移的动作动词时，通常用全部倒装。

例1：Here comes the bus.

译文：公共汽车来了。（不宜翻译成这里来了公共汽车。）

例2：There was a sudden gust of wind and away went his hat.

译文：突然起了一阵风，把他的帽子吹跑了。

其二，当句首状语为否定词或带有否定意义的词语时，一般会引起局部倒装。

例3：Not for one minute do I think I have any hope of getting promoted.

译文：我从没有想过会有希望提升。

例4：Visit our stores. Nowhere else will you find such magnificent bargains.

译文：到我们店里来吧，还有比我们这些更便宜的货吗？

例5：Only when a child grows up does he understand his parents' intentions.

译文：只有当一个孩子长大时，才会理解父母的意图。

例6：In no case will he give up the experiment.

译文：无论如何他都不会放弃那个试验。

例7：Hardly had we got into the country when it began to rain.

译文：我们刚到乡间就下雨了。

（三）否定结构

英语中否定结构的翻译是一个常见而又比较复杂的问题。由于英汉两种语言在表达方法上存在很大差异，尤其在表达否定概念上，英语在用词、语法和逻辑等方面与汉语都有很大不同。有些英语否定句译成汉语后却变成了肯定形式，而另一些肯定句型译成汉语后又往往变成否定形式。在翻译过程中，这些否定句就像陷阱一样，稍有不慎，就会掉入其中。因此翻译否定结构时，切不可望文生义，必须细心揣摩，真正透彻理解其意义，然后根据汉语的表达习惯进行翻译。只有正确地理解英语中的各种否定句型，才能使译文准确、恰当地表达出原文的含义。

除了有的句子需要借助上下文辨义，否定词 not 在不同的场合有不同的否定范围。比如 not 和 all，both，everyone，everything 一起使用表示部分否定。如果表示全部否定则用 none，nothing，not any 等。

例1：All his children are not at school.

译文：他的孩子没有都上学。（而不是：他没有一个孩子上学。）

例2：I don't know everything about her.

译文：对于她我并不是了如指掌。（而不是：我对她一无所知。）

例3：All is not gold that glitters.

译文：闪光的并不都是金子。

例4：I don't like both of the novels.

译文：这两本小说我并不都喜欢。

另外，在 not 和 believe，expect，feel，reckon，imagine，suppose，think 等词一起使用，后面带有做宾语的名词从句时，常有否定转移现象，也就是否定了名词从句中的谓语。

例5：I don't believe he is telling the truth.

译文：我相信他没说真话。

例6：He doesn't seem to know about it.

译文：他似乎并不知道这件事。

还有，"too，other than，none the less"等用于否定结构时，翻译时也应加以注意。

例7：You can't be too careful in crossing the street.

译文：过街时越当心越好（怎么小心都不过分）。

例8：I borrowed some books other than novels.

译文：我借了几本书，都不是小说。

第二节　从句的翻译

英语的从句一般包括名词从句、定语从句以及状语从句。英语的句序比较灵活，其从句可在主句之前，也可在主句之后。而汉语的偏句一般前置，正句在后，否则就不通顺。英语从句的翻译有规律可循，各种从句都可用不同的惯用方法来翻译，本章介绍的即是一些常用的从句翻译方法。在翻译过程中，一个英语句子往往可以采取几种译法。只要符合汉语的表达习惯，就可以灵活地综合运用各种从句翻译方法，切勿生搬硬套，机械移植。

一、名词从句的翻译研究

英语中的名词从句包括主语从句、宾语从句、表语从句以及同位语从句。由于从句不能独立成句，只能在主句中充当相应的句子成分，因此，翻译时，往往将名词从句译成汉语单句中的成分或译成汉语联合复句中的并列分句。

（一）主语从句
（1）关联词或从属连词位于句首的从句＋主句谓语＋其他成分。

它们一般是译在句首，作为主从复合句的主语。这样的词有关联词 what，which，how，why，where，who，whatever，whoever，whenever，wherever 及从属连词 that，whether，if 等。

例1：Whether the separation distances involved would satisfy air-traffic-control regulations is another matter, although a working group at the International Civil

Aviation Organisation has included the possibility of formation flying in a blueprint for new operational guidelines.

译文：彼此的间距是否能达到空中交通管制规则要求是另外一个问题，尽管国际民用航空组织的一个工作小组已经考虑在新的操作方针中列入编队飞行的可能性。

例 2：What makes this slump different from the last, he says, is that there are still buyers in the market.

译文：他说，与上次经济萧条不同的是，这次市场上仍然有买家。

例 3：What we now will describe is how the magnetic nature of iron oxide can uniquely be exploited as a separation process utilizing a magnetic filtration system.

译文：现在我们所要介绍的是，如何奇特地利用氧化铁的磁性而提出一种使用磁力过滤系统的分离法。

解析：其中关联词 what 可译为"……所"。

例 4：That substances expand when heated and contract when cooled is a common physical phenomenon.

译文：物质热胀冷缩是一个普通的物理现象。

例 5：Whether an organism is a plant or an animal sometimes taxes the brain of a biologist.

译文：一种生物究竟是植物还是动物，有时使生物学家颇伤脑筋。

（2）It+ 谓语 +that（whether）引导的从句如果先译主句，可以顺译为无人称句。有时也可先译从句，再译主句。如果先译从句，便可以在主句前加译"这"。

例 1：Furthermore, it is obvious that the strength of a country's economy is directly bound up with the efficiency of its agriculture and industry, and that this in turn rests upon the efforts of scientists and technologists of all kinds.

译文：此外，显而易见的是，一个国家的经济实力直接与其工农业生产的效率密切相关，而工农业生产的效率又取决于各类科学家和技术人员的努力。

例2：It seemed inconceivable that the pilot could have survived the crash.

译文：驾驶员在飞机坠毁之后，竟然还能活着，这看来是不可想象的事情。

例3：It is strange that she should have failed to see her own shortcomings.

译文：真奇怪，她竟然没有看出自己的缺点。

例4：It can be seen that pre-cleaning alone would not reduce the total sulfur content of the four coals to levels anywhere near the standards.

译文：可以看出，这四种煤的总含硫量仅靠预清洁还不能降低到接近标准规定的水平。

例5：It is a matter of common experience that bodies are lighter in water than they are in air.

译文：物体在水中比在空气中轻，这是一种大家共有的经验。

解析：有时为了使译文成分完整，可以补充一个具有泛指意义的主语（如"人们""大家"）。

还有一种包含主语从句的句子使用了被动语态，这种情况汉译时一般都有固定的翻译方法。例如，把"It is known that..."翻译成"众所周知"，把"It is reported that..."译成"据报道"，等等。

例1：It was once thought that the main difference between animals and plants was that the former could move about while the latter could not.

译文：人们曾经认为，动植物之间的差异主要在于前者能够移动，而后者不能。

例2：It is known that the United States leads the world with the worst taxes.

译文：众所周知，美国是世界上税收最重的国家。

例3：It is reported that the meeting will be held in December.

译文：据报道，这个会议将在 12 月举行。

（二）宾语从句

宾语从句分为动词引导的宾语从句、介词引导的宾语从句、用 it 做形式宾语的宾语从句和直接引语做宾语从句几种。由于宾语从句的位置在后，所以翻译的时候句子顺序一般不需要变动。一般来说，可将宾语从句转换为汉语的主谓词组充当句子的主语或宾语。但有时，可把宾语从句转换为主谓词组充当定语，偏正词组充当宾语或主语，或转换为动宾词组充当宾语。

（1）动词引导的宾语从句。翻译动词引导的宾语从句时，顺序一般不变。

例1：How do you know if it will rain tomorrow?

译文：你怎么知道明天是否会下雨呢？

解析：原文中的宾语从句 if it will rain tomorrow 被译为"明天是否会下雨"，这是主谓词组，在整个句中做宾语。

例2：Can you understand what she says?

译文：你能听懂她所说的吗？

解析：原文中的宾语从句 what she says 被译为"她所说的"，这是主谓词组，在句中做宾语。

例3：The experiment will show whether or not air does have weight.

译文：实验将证明空气是否有重量。

解析：原文中的宾语从句 whether or not air does have weight 被译为"空气是否有重量"，这是主谓词组，在整个句中做宾语。

例 4：Tom replied that he was sorry.

译文：汤姆回答说，他感到遗憾。

解析：此句翻译时加译"说"，然后再接下去译原文宾语从句的内容。

（2）介词引导的宾语从句。介词引导的宾语从句前面的介词与动词、形容词或副词有关，翻译时顺序一般不变。

例 1：The ultimate disposal of these treated waste waters is, however a function of whatever local, state and federal regulations may apply in any situation.

译文：但是，这些处理过的废水最终如何处置，决定于在任何情况下都适用的地方的、州的或（美国）联邦的立法条例。

例 2：As seen there are two "groups" of thyristors（半导体开关组件）which are fired according to whether the load voltage is to be positive or negative.

译文：可见有两"组"半导体开关组件，它们分别根据荷载电压是正的还是负的而受到触发。

例 3：The lift component is not vertical except when the relative wind is horizontal.

译文：除了相对风向为水平状态时，升力分量是不垂直的。

解析：英语中的介词 except，but，besides 之后如果跟有宾语从句，常常可译为并列句的分句，用"除……之外""除了……""此外……""只是……""但……"等词译出。

例 4：Men differ from brutes in that they can think and speak.

译文：人与兽的区别，就在于人有思维而且会说话。

解析：in 之后如果跟宾语从句，常常可译成原因状语从句，用"因为""在于""是因为"等词译出。

（3）直接引语做宾语从句翻译时引号保留，把逗号改为冒号。间接引语做宾语从句翻译时在主句和从句间加上冒号。

例1：The student asked the teacher, "How many one cubic foot of air weighs under normal conditions?"

译文：这个学生问老师："常规条件下，一立方英尺的空气有多重？"

例2：Our practice proves that what is perceived cannot at once be comprehended and that only what is comprehended can be more deeply perceived.

译文：我们的实践证明，感觉到了的东西，我们不能立刻理解它，只有理解了的东西才能更深刻地感觉它。

例3：The law of conservation and transformation of energy states that energy is indestructible and the total amount of energy in the universe is constant.

译文：能量守恒和转换定律说明，能量是不灭的，宇宙间能量的总量是不变的。

解析：以 that 引导的宾语从句作为普遍真理及一般规律，或是作为某一规律及定义所阐述的内容，翻译时也可以在主句和从句之间加上冒号。

（4）用 it 做形式宾语的宾语从句。

例1：It is necessary to determine how much fuel will be consumed.

译文：必须确定要消耗多少燃料。

解析：原文中的宾语从句 how much fuel will be consumed 被译为"要消耗多少燃料"，这是动宾词组，在句中做宾语。

例2：I took it for granted that you would come and talk the matter over with him.

译文：我以为你会来跟他谈这件事情的。

例3：It is useful to know how these basic principles work.

译文：了解这些基本原理的作用是很有用的。

例4：I regarded it as an honor that I am chosen to attend the meeting.

译文：我被选参加会议，感到光荣。

解析：此类宾语从句翻译成汉语时，一般按原文顺序，it 不译，如例1、例2。但有时在译文中也可将宾语从句提前，如例3、例4。

（三）表语从句

在句子中担当表语的是一个从句时，这个从句就叫表语从句。表语从句可以由连词、连接代词、连接副词和关系代词等引导，并且这些词不能省略。表语从句由 that，what，why，how，when，where，whether，as 等连词和关联词引导，一般来讲，可以先译主句，后译从句。

例1：Perhaps the most commonly voiced objection to volunteer participation during the undergraduate years is that it consumes time and energy that the students might otherwise devote to "academic" pursuits.

译文：反对在大学期间自愿参加社会服务的最普遍的呼声也许认为社会服务占去了学生的时间和精力，否则，学生会利用这些时间去做学术研究。

解析：本句的主干为 the...objection is that...，此处 that 引导表语从句。

例2：But the key idea behind professionalization, argues Mr.Menand, is that the knowledge and skills needed for a particular specialization are transmissible but not transferable.

译文：但是，莫南德先生认为，专业化背后的关键理念是"对于某一特定的专业来说，所需知识和技能可以传授，但不可转让"。

解析：句子主干是 But the key idea...is that...，that 引导表语从句。

例3：The danger of financial recessions is that they will turn into full-fledged edged depressions.

译文：经济衰退的危险就在于它们会演变成全面的萧条。

例 4：Things are not always as they seem to be.

译文：事物并不总是如其表象。

例 5：The result of invention of steam engine was that human power was replaced by mechanical power.

译文：蒸汽机发明的结果是机械力代替了人力。

另有几种常见的特殊表语从句。如，That（This）is why... 句型。如果选择先译主句，后译从句，可以译成"这就是为什么……""这就是……的原因""这就是……的缘故"等。如果选择先译从句，再译主句，一般可以译为"……原因就在这里""……理由就在这里"等。

例 1：That is why heat can melt ice, vaporize water and cause bodies to expand.

译文：这就是为什么热能使冰融化，使水蒸发，使物体膨胀的原因。

例 2：That was why he came late for school.

译文：这就是他上学迟到的原因。

例 3：That is why practice is the criterion of truth and why "the standard of practice should be first and fundamental in the theory of knowledge".

译文：所谓实践是真理的标准，以及"实践的标准应该是认识论的首先和基本的观点"，理由就在这个地方。

在 This is what... 句型中，如果先译主句，后译从句，通常译为"这就是……的内容""这就是……的含义"等。如果先译从句，后译主句，通常译为"（事实）就是这个道理""（事实）就是这个意思"等。

（四）同位语从句

英语同位语从句与其所修饰的名词在地位上是同等的，只起进一步揭示其内容的作用。从句常用 that 或 whether 来引导，它们在从句中不担任任何句子成分。同位语从句常常跟在本身含有一定内容的抽象名词后面，如 fact, idea, opinion, news, hope, belief, assumption, possibility, theory, sense, question, conclusion, experience, evidence, proof, condition, doubt 等，一般用来解释说明这些名词的具体含义或内容，在逻辑上表现为同位关系。通常有以下几种翻译方法。

1. 保持原句语序

例1：He expressed the hope that he would come over to visit China again.

译文：他表示希望能再来中国访问。

例2：We are not investigating the question whether the plan is practical.

译文：我们不是在调查这个方案是否实用的问题。

2. 转换为定语从句或独立句

例1：It does not alter the fact that he is the man responsible for the fault.

译文：错误应由他负责，这个事实是改变不了的。

解析：译文中把同位语从句 that he is the man responsible for the fault 转换为汉语的独立句"错误应由他负责"。

例2：Yet, from the beginning, the fact that I was angry was ignored.

译文：然而，从一开始，我很生气这个事实却偏偏被忽视了。

解析：译文中把同位语从句 that I was angry 转换为定语从句，修饰"这个事实"。

3. 借助标点符号或使用特殊的翻译词语

使用标点符号（如冒号、破折号）或"这样""这种""这一""即"等特殊语翻译。

例1：Yet, from the beginning the fact that I was alive was ignored.

译文：然而，从一开始，我仍活着这个事实却偏偏被忽视了。

解析：原文中的同位语从句 that I was alive 被译为"我仍活着"，修饰"事实"，是一个类似定语的结构。同时在"事实"前面加译"这个"，使翻译更加通顺。

例 2： Not long ago the scientists made an exciting discovery that his "waste" material could be turned into plastics.

译文：不久之前，科学家们有了一个令人振奋的发现，即可以把这种废物变为塑料。

解析：加"即"来翻译同位语从句的具体内容。

例 3： And there was the possibility that a small breach of duty might cause a big disaster.

译文：而且总有这种可能性——一个小小的失职就可能会导致大的灾祸。

解析：通过使用破折号来翻译同位语从句。

4. 转换词性

改变名词和同位语从句的关系，把名词转换为动词翻译。

例 1： An order has been given that the researchers who are now in the skylab should be sent back.

译文：已下命令将现在在航天实验室里的研究人员送回来。

解析：把原文的同位语从句 that the researchers who are now in the skylab should be sent back 译成了汉语的无主句，强调了命令的内容，order 转译为动词"下命令"。

例 2： However, the writing of chemical symbols in the form of an equation does not give any assurance that the reaction shown will actually occur.

译文：但是，将化学符号写成反应式，并不意味着所表示的反应确实会发生。

解析：译文中把名词 assurance 翻译成动词"意味着"，这样就改变了原句中名词和同位语从句的关系。

二、状语从句的翻译研究

英语状语从句包括表示时间、地点、条件、原因、目的、结果、让步等各种从句。引导状语从句的关联词也比较多，如 when，while，as，before，after，if，because，once，though，in case，even though，so that，in that，in order that，for fear that，as soon as 等。这些关联词不但有各种各样的语义和语法功能，有时还一词多义。因此，翻译时若不注意，还会出现理解错误。

（一）when 引导的状语从句的翻译

当 when 引导状语从句时，其基本意思是"在……时""当……时"，这些对学生来说很容易掌握。但实际翻译过程中，由于语境的不同，其词义就会发生变化，可能要用下列同义去处理，如"只要……就""一……就""尽管……还是""既然""虽然""然而""可是"等。

例 1：When they analyzed these rocks, they found "shocked" quartz grains-slivers with a particular arrangement of micro cracks believed to represent the relic left by an extraterrestrial impact.

译文：在分析这些岩芯时，他们发现"冲击"石英颗粒——带有特殊排列的微裂缝的薄片，科学家认为它们是外层空间来的物体与地球碰撞留下的遗迹。

解析：when 引导的时间状语从句直接翻译为"在……时"。

例 2：The gain of lying is not to be trusted by anyone, nor to be believed when you speak the truth.

译文：常说谎话的结果是得不到任何人信任的，即使以后说真话，也难以有人相信。

解析：句中 when 翻译成"即使……"，有 even though 的功能。

（二）while 引导的状语从句的翻译

While 的基本意思是"当……的时候"，但也有"虽然""尽管""然而""可是"等意思，引导让步、对比从句。例如：

例 1：While（=Though）we sympathize, we can't really do very much help.

译文：我们尽管同情，但的确不能给很大的帮助。

例 2：While（=Though）you are not the only person to blame, you are principally responsible for it.

译文：你虽然不是唯一承担过错的人，但却是负主要责任的人。

例 3：While the modeling business is by no means easy to get into, the good model, male or female, will always be in demand.

译文：尽管模特行业绝不是那么容易进入的，但是好的模特，不论男女，总是需要的。

解析：句中 while 翻译成"尽管……但是"，构成让步结构。

例 4：While a spark of life remains, it is a doctor's duty to save the patient.

译文：病人只要有一息生机，医生就有责任挽救。

解析：句中 while 翻译成"只要……就"，其表达的是 as long as 的意思。

例 5：We must work hard to gain more knowledge while we are young.

译文：趁着现在还年轻，我们必须刻苦学习，获得更多的知识。

解析：句中 while 翻译成"趁着……"，比翻译成"当……的时候"更符合汉语习惯。

（三）before 引导的状语从句的翻译

由 before 引导的时间状语从句，可放在主句之前，也可放在主句之后；放在主句之前可顺译，也可以倒译；如果放在主句之后，则多用顺译。

例 1：...about excommunicating a baker who had been objecting in a vestry to a paving-rate-and as the evidence was just twice the length of Robinson Crusoe, according to a calculation I made, it was rather late in the day before we finished.

原译：关于把一个面包师傅逐出教会的事——都怪这个人不该在教区会议议反对征收铺路捐——由于证词太多，我算了一下，足有《鲁滨孙漂流记》两倍那么长，因此事情还没处理完，天就黑了。

解析：这样译，语言也还通顺，没有什么不妥之处，只是第一句中的定语从句给放在双破折号内，影响了译文的通顺。其实定语从句是说明原因的，即为什么要开除他，所以译成并列句更简练一些。最后一句，采用顺译法也比倒译好。

改译：面包师在教区会议上反对征收铺路捐，因此决定把他开除教会，但由于证词太多，据我估计，足有《鲁滨孙漂流记》两倍那么长，所以直到天快黑了，才把事情处理完毕。

例 2：Or perhaps it is not any more. Sometimes I think that those of us who are now in our thirties were born into the last generation to carry the burden of "home" to find in family life the source of all tension and drama, I had by all objective accounts a "normal" and a "happy" family situation, and yet I was almost thirty years old before I could talk to my family on the telephone without crying after I had hung up.

原译：或许，现在情况变了。我有时想，我们这些三十几岁的人注定成为承担"家"的重负，并经受家庭生活的种种紧张和冲突的最后一代人。在别人眼里，无论从哪方面看，我都曾拥有一个"正常"而"幸福"的家。然而，直到将近三十岁以前，我与娘家人通电话后总是要哭鼻子。

解析：这段译文，似乎并无不妥之处，但仔细琢磨一下，就能发现，before 一词，省去不译，不是更好吗？省去连接词，按照原文语序顺译下来，在许多情况下，不仅省力，译文也更通顺。

改译：或许，这种情况不会再有了。有时我想，我们这些三十几岁的人，是生下来就要肩负家庭重担，并经受家庭生活中的种种紧张与冲突的最后一代人了。客观说，不论从哪方面看，我的家庭生活都是"正常的""幸福的"，可是直到三十岁，每次跟娘家人通完电话，总要哭一场。

（四）as 引导的状语从句的翻译

as 也可以引导时间状语从句，表示"当……的时候"，但在实际翻译中，有时表示不同的意思，可以译成其他状语从句。

例 1：All the jury's eyes were on him as he continued.

译文：在他继续陈述的时候，全体陪审员的目光都集中在他身上。

解析：as 表示"当……的时候"。

例 2：As land developed, rain water and rivers dissolved salts and other substances from rocks and carried them to the oceans, making the ocean salty.

译文：在陆地形成时，雨水和河水溶解了岩石中的盐和其他物质，并把它们带入海洋，使海水变成。

解析：as 引导的时间状语从句直接翻译为"在……时"。

例 3：They are regularly sent booklets about personal safety, but they barely read them as they have so much paperwork to deal with.

译文：他们经常会收到关于人身安全问题的宣传册，但因为大量文案工作缠身，他们几乎无暇阅读。

解析：as 表示"由于""因为"的意思，词典里有英文解释：You can use as to mean "because" when you are explaining the reason for something.

例 4：Enjoy the first hour of the day. This is important as it sets the mood for the rest of the day.

译文：好好享受每天的第一个小时。这之所以重要是因为它会决定你一整天的心情。

（五）其他状语从句

状语从句按类别可分为时间、条件、目的、原因、让步、结果等，引导词可以是 if，because，since，for，so that 等。

as，because，since 和 for 都可以表示"因为"，引导原因状语从句。可直接翻译为"因为""为了"，如果分句之间的因果关系明显，也可不使用关联词。

例 1：Since the juice is quite strong, you should always dilute it.

译文：这果汁很浓，你应该把它冲淡一些。

例 2：He seemed to be in need of company, for suddenly he went back into the house.

译文：他看上去需要有个伴，因为他突然又回到屋里去了。

解析：在讲故事时，for 用来解释或证明某事。

原因状语从句可相应译成表示条件或表示假设的分句，例如翻译成："如果""要是"等引导的分句。

例 3：You jump on the bandwagon when you decide to support a candidate because public opinion studies show he is likely to win.

译文：如果民意调查显示某个候选人很可能会取胜，因此你决定支持他，你就跳上了宣传车。

解析：译文中将原句的语序作了前后调整，把 because 引导的原因状语从句前置，翻译成表示"如果……"的分句。

例 4：Sometimes this fall, if all goes well, a revolutionary new undersea vessel will be lowered gently into the waters of Monterey Bay for its maiden voyage.

译文：今年秋天，如果一切顺利的话，一艘革命性新潜艇将轻轻地在蒙特利海湾下水，进行它的第一次航行。

解析：if 引导的条件状语从句插在主句的中间，翻译时也做了同样的处理。

例 5：If you will marry this guy, I'll shut the door to you forever.

译文：如果你愿意跟这个家伙结婚，你就永远别再进这个家门。

解析：这里的 will 表示"愿意"。

no matter 引导的状语从句可以译为以"不论""不管""无论"等做关联词的条件分句。

三、定语从句的翻译研究

在英语学习中，定语从句既是一个重点，也是一个难点。定语从句之所以是重点，是因为定语从句占英语句子的很大部分，能否掌握定语从句不仅关系到英语学习的顺利进行，更关系到其正确恰当的翻译。定语从句也是难点，这是因为英语句子中定语从句最为复杂，翻译难度最大。因此，如何找到定语从句切入点，分析定语从句结构并恰当翻译定语从句具有重大意义。

英语中，定语从句分成限制性从句与非限制性从句两种，在句中的位置一般是在修饰的先行词后面。限制性定语从句与非限制性定语从句的区别主要在于限制意义的强弱。而汉语中定语作为修饰语通常在其所修饰的词前面，并且没有限制意义的强弱之分，因此，限制与非限制在翻译中并不起十分重要的作用。英语中多用结构复杂的定语从句，而汉语中修饰语则不宜臃肿，所以，在翻译定语从句时，一定要考虑到汉语的表达习惯。

（一）限制性定语从句的译法

顾名思义，限制性定语从句主要对所修饰的先行词起限制作用。其特征是主句和从句之间关系密切，中间不用逗号分开。这表明，带有限制性定语从句的句子，主句的含义是不完整的，必须靠从句的补充说明，全句意义才能表达清楚。如果去掉从句，全句意义就会改变，甚至不通，所以，翻译此类句子时，要根据这一特点，注意分析从句结构特点，可采用下列译法。

1. 前置法

既然定语从句的意义是做定语修饰语，那么在翻译时，通常把较短的定语从句译成带"的"的前置定语，翻译在定语从句的先行词前面，这是定语从句最简单、最常见的译法。

例1：Compounds have very different appearances from the element of which they are made.

译文：化合物的形态与构成它们的元素极不相同。

例2：They reviewed the international situation in which important changes and great upheavals are taking place and expounded their respective positions and attitudes.

译文：他们回顾了正在发生重大变化和巨大动荡的国际形势，并阐明了各自的立场和态度。

例3：Words are living things, the very bodies in which ideas and emotions become materialized.

译文：文字是有生命的东西，是体现思想和情感的实体。

例4：I can recall the day my grandfather died and the sadness I felt when we went to the hospital the day before.

译文：我能回想起我祖父去世的那一天，也能想起祖父去世前一天我去医院探望他时感到的悲痛。

解析：my grandfather died 是修饰 the day 的定语从句；I felt 是修饰 the sadness 的定语从句。因为这两个定语从句的句式较为简单，而且表达的意思比较简单，因此可以采用前置法，将其翻译为所修饰词的前置定语。

例 5：Further more, humans have the ability to modify the environment in which they live, thus subjecting all other life forms to their own peculiar ideas and fancies.

译文：而且，人类有能力改变自己生存的环境，从而使所有其他生命形态服从人类自己独特的想法和想象。

解析：in which they live 是修饰 environment 的介词前置的定语从句。因为此定语从句句式较为简单，而且表达的意思单一，因此可以采用前置法，将其翻译为所修饰词的前置定语。

2. 后置法

也称分译法，是指将定语从句与主语分开，主句在前，从句在后，译成并列分句。这种译法主要适应于从句结构复杂或译成汉语前置不方便，不符合汉语语言特点的情况。同时，后置法又分为两种，即重复先行词和省略先行词两种形式。

（1）重复先行词

由于定语从句的先行词通常在定语从句中充当句子成分，如果单独把定语从句翻译出来的话，常常需要重复先行词，还可以用代词代替先行词。

例 1：We wish to express our satisfaction at this to the Special Committee, whose activities deserve to be encouraged.

译文：在此我们对特别委员会表示满意，特别委员会的工作应该受到鼓励。

例 2：You, whose predecessors scored initial success in astronomical research, have acquired a greater accomplishment in this respect.

译文：你们的先辈在天文学研究方面取得了初步的成功，而你们现在则在这一方面取得了更大的成就。

例 3：In 1872, Thomason led a scientific expedition which lasted for four years and brought home thousands of samples from the sea.

译文：从 1872 年开始，汤姆森领导了一次科学考察。这次考察活动进行了四年，从海洋采集了成千上万的标本。

（2）省略先行词

有时省略先行词代表的意义也能达到层次分明、语义清楚的目的。

例 1：The humus gets mixed with the mineral components of the soil by the burrowing activities of countless soil organisms, which helps to distribute these essential nutrients throughout the soil.

译文：腐殖土利用无数土壤生物体的活性与土壤中的各种矿物组分混合，使其中的基本养分能充分分散到土壤中。

例 2：The principal technological changes in the engineering control of air pollution were the perfection of the motor-driven fan, which allowed large scale gas-treating systems to be built; the invention of the electrical precipitator, which made particulate control in many processes feasible.

译文：大气污染控制工程中的主要技术变化是电动通风扇的完善，并因此建成了大型大气处理系统；电除尘器的发明使许多工艺中颗粒物的控制成为可能。

例 3：The activated silica gel can be composted into flocculants which are being tested in domestic sewage to remove nitrogen and phosphorous.

译文：活化后的水玻璃可制成复合型的絮凝剂，用于生活污水脱氮除磷的试验研究。

例 4：Figure 1 incorporates many of the factors which must be considered in developing a satisfactory system.

译文：图 1 所示的许多因素，在研制性能良好的系统时必须予以考虑。

3. 融合法

融合法是指翻译时把主句和定语从句融合成一个简单句，其中的定语从句译成单句中的谓语部分。由于限制性定语从句与主句关系较紧密，所以，融合法多用于翻译限制性定语从句。这种翻译方法在 there be 结构中多用。

例1：It was a hope which reflected the conviction expressed some years earlier by the then British Minister.

译文：这个希望反映了若干年前当时在任的英国首相表达过的信念。

例2：There has never been a man around me who wrote so many memos.

译文：在我周围的人中，从没有一个像他那样写过那么多备忘录的。

例3："We are a nation that must beg to stay alive," said a foreign economist.

译文：一位外国经济学家说道："我们这个国家一天不讨饭就活不下去。"

例4：There is a man downstairs who wants to see you.

译文：楼下有人要见你。

例5：There seems that many people want to see the film.

译文：似乎许多人要看这部电影。

例6：There are many students who have finished their homework.

译文：很多学生已经完成了作业。

例7：There are a lot of people who are interested in the project.

译文：许多人对这个计划感兴趣。

（二）非限制性定语从句的译法

英语非限制性定语从句和它的先行词之间只有比较松散的关系，非限制性定语从句对先行词不起限制作用，只对它加以叙述或解释。就其意义来说，在句中有时相当于一个并列分句。非限制性定语从句前常有逗号将它与主句分开。翻译时，通常被译为并列分句、独立句和状语从句，偶尔还可译为定语词组等。

1. 合译法

合译法，即把原文中两个或两个以上的简单句、主从复合句或并列复合句等译成一个单句的翻译方法。或指把英语长句译成汉语时，把英语后置成分按照汉语的正常语序放在中心词之前，使修饰成分在汉语句中形成前置。不过，修饰成分不宜过长，否则会形成拖沓或造成汉语句子成分在连接上的纠葛。

例1：He liked Lily, who was warm and pleasant, but he did not like Lucy, who was aloof and arrogant.

译文：他喜欢热情愉快的丽丽，而不喜欢冷漠高傲的露西。

例2：His open laughter, which was warm on such an occasion, broke the silence.

译文：他那爽朗的笑声打破了沉寂。

例3：The sun, which had been hidden in the cloud for several days, now comes out.

译文：那个多日躲在云层里的太阳，现在露面了。

例4：She was beautiful, which would have made her popular everywhere.

译文：她的美貌足以使她到处受到欢迎。

2. 分译法

英汉两种语言的句子结构区别很大。英语重形合，句子结构主要靠语法手段进行搭架，结构严谨。句子以主语、谓语为基础，借助介词、连词、连接词或短语、关系代词和关系副词等一层层严密地把句子串起来，句中只能有一个谓语动词。汉语重意合，句子结构往往按照句内的逻辑、时间、空间和心理等顺序层层展开，一个句子可有多个动词连用。因此翻译英语时，需要把原文的某些成分单独拿出来翻译，译成汉语独立的句子，使译义意思简明、层次清楚，符合汉语表达习惯，这就是分译法。运用分译法翻译非限定性定语从句，大致有三种情况。

（1）译成并列分句，省略先行词。这种译法主要适应于关系词，并无确定所指，即关系词与先行词并无联系，只起到一个连接主句和从句的作用。

例如：Days and nights are very long on the moon, where one day is as long as two weeks on the earth.

译文：在月球上，白天和黑夜都相当长，一天等于地球上的两周。

（2）译成并列分句，重复先行词的含义。这种译法适应于关系词有确定所指，关系词与主句先行词有密切联系，但不指代主句整句。例如：

例1：We will put off the sports meet till next week, when the weather may be better.

译文：我们要将运动会延到下周，那时天气也许会好。

例2：I told the story to John, who told it to his brother.

译文：我把这件事告诉了约翰，约翰又告诉了他的弟弟。

例3：A floating object displaces all amount of water whose weight equals that of the object.

译文：浮体排开一定量的水，其重量等于该浮体的重量。

例4：I was always trying to hide the whole thing, which failed at last.

译文：我一直在设法隐瞒这件事情，但最后事情还是暴露了。

例5：Daylight comes from the sun, which is a mass of hot glowing gas.

译文：日光来自太阳，太阳是一团炽热发光的气体。

（3）译成并列分句，译为"这""这样""那""那样"等代词结构。这种译法适应于关系词有确定所指，且从句是用来修饰主句的整个句子或句子的一个部分。例如：

例1：Nevertheless the problem was solved successfully, which showed that the prediction was correct.

译文：不过，问题还是圆满地解决了，这说明预算很准确。

例2：The activity was postponed, which was just what we have expected for a long time.

译文：这项活动延期了，这正是我们长期以来所希望的。

例3：He may have acute appendicitis, in which case he will have to be sent to hospital.

译文：他可能得了急性阑尾炎，如果是这样，他必须得马上送往医院抢救。

例4：She is patient towards the children today, which was rare in previous days.

译文：今天她对孩子们很耐心，她平时很少这样。

例5：Liquid water changes to vapor, which is called evaporating.

译文：液态水变成蒸汽，这叫蒸发。

参考文献

[1] 苏文倩. 跨文化传播视域下的翻译功能研究 [M]. 长春：吉林出版集团股份有限公司，2022.

[2] 刘庚玉. 英汉翻译的跨文化传播视角研究 [M]. 太原：山西经济出版社，2020.

[3] 刘玮. 跨文化交际背景下中国传统文化英语翻译与传播研究 [M]. 北京：中国书籍出版社，2023.

[4] 殷丽萍. 高校学术研究论著丛刊（人文社科）：英汉翻译与跨文化传播研究 [M]. 北京：中国书籍出版社，2023.

[5] 邱敏. 跨文化传播视阈下的应用翻译研究 [M]. 杭州：浙江工商大学出版社，2020.

[6] 凌来芳，张婷婷. 中国戏曲跨文化传播及外宣翻译研究 [M]. 杭州：浙江工商大学出版社，2019.

[7] 李稳敏. 跨文化传播视域下的翻译研究 [M]. 成都：四川大学出版社，2017.

[8] 麻争旗. 译学与跨文化传播对翻译的根本反思 [M]. 上海：上海交通大学出版社，2011.

[9] 张晶. 外宣翻译与跨文化传播研究 [M]. 长春：吉林大学出版社，2020.

[10] 张付花著. 跨文化传播背景下的英汉翻译理论与实践研究 [M]. 北京：中国商务出版社，2022.

[11] 纪梦瑶, 马雍, 余梦凡, 等. 从《北京折叠》看中国科幻跨文化传播翻译策略 [J]. 海外英语, 2023（8）: 22-25.

[12] 唐卫华. 广告的跨文化传播与翻译 [J]. 长春大学学报, 2012（10）: 1285-1287.

[13] 刘天宁. 中医人文文化的跨文化传播与翻译 [J]. 中国中医药现代远程教育, 2017（13）: 32-34.

[14] 覃江华. 后殖民主义视野下的跨文化传播与翻译: 从"龙"和"dragon"谈起 [J]. 湛江师范学院学报, 2007（5）.

[15] 张星, 王建华. 跨文化传播与翻译策略:《醒世恒言》"心"字译法探析 [J]. 湖南科技大学学报（社会科学版）, 2021（3）: 162-168.

[16] 凌来芳, 陈为仑. 越剧的跨文化传播翻译研究: 以浙江省部分剧团网站为例 [J]. 东南传播, 2019（11）: 61-63.

[17] 殷丽萍. 用世界的视角, 讲述中国故事: 从《甄嬛传》谈电视剧跨文化传播的翻译策略 [J]. 名作欣赏, 2016（29）: 101-102.

[18] 赵若衡. 基于跨文化传播的食品英语翻译 [J]. 食品与机械, 2024（3）: 245.

[19] 许岚. 基于翻译实践的跨文化传播路径探索: 评《英汉翻译的跨文化传播视角研究》[J]. 传媒, 2024（5）: 98.

[20] 田又萌. 英语翻译的跨文化传播研究: 评《跨文化传播视角下的英语翻译策略与技巧》[J]. 传媒, 2023（22）: 103.

[21] 吕宣宣. 跨文化传播视域下的对外新闻翻译与传播研究 [J]. 新余学院学报, 2018（4）: 113-115.

[22] 刘军平. 元宇宙翻译范式: 跨文化传播的可能世界 [J]. 新闻与传播评论, 2023（1）: 16-29.

[23] 彭思棋.跨文化传播视域下中法两国电影片名翻译研究 [J].西部广播电视,2020（21）：69-71.

[24] 韩孟奇,安晓宇,杨帅.跨文化传播视角下的《大运河》翻译实践与研究 [J].华北水利水电大学学报（社会科学版）,2022（1）：102-107.

[25] 成雪梅.外语翻译教学与全球化跨文化传播的关系 [J].海外英语,2021（17）：42-43,47.